LA SALVACION
LIBRO DE LECCIONES - NIVEL UNO

La salvación completa que Dios efectúa

Tomado de los escritos de
WATCHMAN NEE y WITNESS LEE

Living Stream Ministry
Anaheim, California

© 2000 Living Stream Ministry

Todos los derechos reservados. Ninguna parte de esta obra puede ser reproducida o trasmitida por ningún medio —gráfico, electrónico o mecánico, lo cual incluye fotocopiado, grabación o sistemas informáticos— sin el consentimiento escrito del editor.

Primera edición, mayo de 2000.

ISBN 0-7363-0868-7

Traducido del inglés
Título original: *Lesson Book, Level One:
God's Full Salvation*
(Spanish Translation)

Publicado por
Living Stream Ministry
2431 W. La Palma Ave., Anaheim, CA 92801 U.S.A.
P. O. Box 2121, Anaheim, CA 92814 U.S.A.

Impreso en los Estados Unidos de América

02 03 04 05 06 / 9 8 7 6 5 4 3

CONTENIDO

1	La salvacion conforme al plan de Dios	9
2	Dios eligio y predestino a muchos para que fueran sus hijos	13
3	La meta de Dios es obtener un hombre corporativo	17
4	Dios creo al hombre como un vaso tripartito	21
5	El arbol de la vida y el rio representan a Dios como vida para el hombre	25
6	La caida del hombre	29
7	La necesidad de que el hombre sea salvo	35
8	La fuente de la salvacion es el amor de dios	41
9	La base de la salvacion es la justicia de Dios	45
10	El Dios-salvador	49
11	La redencion	55
12	El perdon y la limpieza de pecados	59
13	La justificacion	63
14	La reconciliacion	67
15	La regeneracion	71
16	La santificacion	75
17	La transformacion	79
18	La conformacion	85
19	La glorificacion	89
20	Como recibir la salvacion y crecer en ella	93
21	La seguridad de la salvacion	99
22	Las tres etapas de la salvacion	105

| 23 | Recompensa o castigo | 111 |
| 24 | Conclusion | 115 |

INTRODUCCION AL LIBRO DE LECCIONES

Acerca de los libros de lecciones

Este libro forma parte de una serie de lecciones orientadas a enseñar la verdad específicamente a estudiantes de secundaria y preparatoria en nuestras "escuelas de la verdad" efectuadas durante el verano. Los libros pueden variar en cuanto a estilo y formato, debido a que fueron escritos durante un período de varios años.

Acerca de este libro de lecciones

Este es el primer libro de dicha serie. Todas las lecciones están basadas en escritos recopilados del hermano Watchman Nee y el hermano Witness Lee, aunque no han sido revisadas por ellos.

A través de los tiempos muchos cristianos se han dedicado al estudio de la Biblia. El Señor siempre ha bendecido a aquellos que disfrutan y comparten con otros las ricas verdades de la Palabra de Dios. Los cristianos deben amar la Biblia e interesarse en conocer las verdades que ella contiene. Cuanto más conozcamos la verdad, más experimentaremos al Señor.

No obstante, estudiar las Escrituras no siempre resulta sencillo. La Biblia consta de muchas páginas que nos relatan un sinnúmero de asuntos. Es probable que usted mismo haya tenido la experiencia de perderse mientras trataba de leerla. Esta es una de las razones por las cuales se preparó este libro de lecciones, el cual le ayudará a ver claramente lo que la Biblia dice acerca del plan completo de la salvación. Cada lección nos presenta una verdad importante en cuanto a la salvación.

El contenido de las verdades en este libro es tan rico, que bien se puede repasar cada lección varias veces. Le animamos a que use estas lecciones en casa con su familia, y también con sus amigos. Descubrirá que estudiar estas verdades con otros será un gran deleite. Si estudia dichas verdades con diligencia y procura entenderlas, podemos asegurarle que su amor y aprecio por el Señor crecerá considerablemente. Además, comprenderá cuán cabal y completa es esta salvación.

El hecho de conocer desde joven la verdad acerca de la salvación, es un gran privilegio y una tremenda responsabilidad que no debe tomarse a la ligera. El futuro del recobro del Señor depende de jóvenes que sean entrenados en el conocimiento apropiado de las verdades de la Biblia. Esperamos que usted pueda consagrarse a ser equipado de tal forma. Creemos que este libro de lecciones proveerá una manera efectiva y disfrutable para recibir tal entrenamiento.

Estructura de las lecciones

El título de cada lección comunica el tema a tratar en ella. Los versículos se pueden leer u orar-leer. El bosquejo da una visión general de cada lección y es provechoso leerlo antes de entrar al texto de la misma. Las citas entre corchetes [ ] fueron tomadas de las publicaciones de los hermanos Nee y Lee. Al final, las preguntas tienen la intención de ayudar al alumno a entender y aprender mejor la lección. Además se incluye una lista de libros con su autor, casa publicadora y número de página de todo el material citado, como referencia adicional, los cuales están relacionados con cada uno de los temas de cada lección. El nombre "Nee" representa al hermano Watchman Nee y el nombre "Lee" se refiere al hermano Witness Lee. Las siglas "LSM" significan "Living Stream Ministry" y las siglas HKCBR significan Librería de la iglesia en Hong Kong.

Versiones usadas para las citas bíblicas

Al citar versículos del Antiguo Testamento usamos la versión Reina Valera, y para los versículos del Nuevo Testamento, la Versión Recobro. Algunas veces en las citas que aparecen entre corchetes, los versículos del Nuevo Testamento han sido actualizados con los versículos correspondientes de la Versión Recobro.

INTRODUCCION 7

La actitud apropiada para estudiar la Palabra con el apoyo de este libro de lecciones

El libro de lecciones no reemplaza a la Biblia, más bien, se basa en ella. Así que, este libro es simplemente una serie de lecciones basadas en la Biblia, que ayudan al estudio de la misma. No cite el libro de lecciones como una fuente de autoridad para respaldar las verdades o enseñanzas bíblicas. Al contrario, debe aprender a referirse siempre a la fuente apropiada; a saber, al libro, capítulo y versículo específico de la Biblia donde se afirma esto o aquello. También debería aprender los versículos claves al presentar la visión de la iglesia. Invierta el tiempo necesario para conocer la Palabra de Dios y para citarla con certeza.

La manera de estudiar la Biblia usando los libros de lecciones

La esencia de la Palabra de Dios es el Espíritu. Por lo tanto, siempre que vayamos a la Palabra debemos usar nuestro espíritu. La mejor manera de usar nuestro espíritu es orando. Debemos orar antes, durante y después de estudiar los libros de lecciones. También es importante tener comunión con otros mientras estemos estudiando. No es muy adecuado leer para uno mismo sin tener comunión con otros creyentes. La comunión del Cuerpo es necesaria y nos ayuda a asimilar la visión celestial.

Sugerencias para efectuar la escuela de la verdad durante el verano

Se sugiere que la escuela de la verdad tenga una duración de seis semanas. Cada semana podría dividirse en cuatro días, y en cada día se podrían asignar tres horas de estudio. Esto daría un total de 24 días, cada día con tres horas, lo cual proveería un tiempo adecuado para orar, para abarcar todas las lecciones y para tener comunión. Recomendamos que cada estudiante adquiera la práctica de escribir profecías basadas en cada lección, y también que se ejercite en el profetizar, esto es, el hablar por Cristo y hablar Cristo. Cada estudiante debe esforzarse por experimentar individual y corporativamente lo que haya aprendido.

Hemos orado y continuaremos orando por ustedes, para que tengan un tiempo disfrutable durante su escuela de la verdad, a fin de que progresen en el conocimiento pleno de la verdad, y sean edificados en su localidad. ¡Amén!

Junio de 1990   Paul Hon
Pleasant Hill, California

Lección uno

LA SALVACION CONFORME AL PLAN DE DIOS

Lectura bíblica

Ef. 3:9-11; 1:9-11; 1 Ti. 1:4; Ef. 3:2; Gn. 1:26

Bosquejo

I. El plan de Dios en la eternidad pasada
II. El beneplácito de Dios
III. El propósito eterno de Dios
IV. La economía de Dios
V. El enemigo de Dios
VI. La salvación que Dios efectúa

Texto

El tema de estas lecciones es la salvación completa que Dios efectúa. ¿Qué significa la salvación completa? ¿Por qué y de qué necesitamos ser salvos? ¿En qué nos introduce la salvación? ¿Por qué Dios desea salvarnos y por qué sólo El puede hacerlo? ¿Cómo nos salva El y qué necesitamos hacer para ser salvos? Las repuestas a éstas y a muchas más preguntas las encontrará en este libro, en el cual haremos una exposición a fondo acerca de la salvación de Dios. En esta primera lección abarcaremos algo que quizás usted nunca haya escuchado antes, algo que aconteció en la eternidad pasada.

I. EL PLAN DE DIOS EN LA ETERNIDAD PASADA

La epístola a los Efesios nos dice que antes de la creación, cuando Dios estaba solo, El tuvo un beneplácito, un deseo en Su corazón, y que conforme a este trazó un plan conforme a Su voluntad. Esto es a lo que la Biblia llama "el propósito de las edades" o "el propósito eterno" (Ef. 3:11). Dios a su vez dispuso la manera de llevar a cabo este propósito eterno. Según la Biblia, esta administración o procedimiento es la economía de Dios (1 Ti. 1:4; Ef. 1:10; 3:2). Por lo tanto, la Biblia nos revela que en la eternidad pasada Dios tuvo un propósito eterno según Su beneplácito, y que conforme a éste trazó una economía, una administración para cumplir Su propósito.

II. EL BENEPLACITO DE DIOS

¿Qué significa la expresión "el beneplácito de Dios"? Esto simplemente se refiere a lo que agrada a Dios y lo hace feliz. Así como nosotros hacemos las cosas que nos placen y nos hacen felices, también Dios hizo todo según Su beneplácito.

III. EL PROPOSITO ETERNO DE DIOS

¿Cuál es el propósito eterno de Dios según Su beneplácito? Su propósito consiste en obtener un grupo de personas, un hombre corporativo creado a Su imagen y semejanza. Dios desea que este hombre corporativo sea lleno de El como vida para que lo exprese y que tenga Su autoridad para que lo represente. El propósito de Dios es eterno porque fue planeado por Dios antes de que el tiempo existiera y porque nunca cambiará.

IV. LA ECONOMIA DE DIOS

¿En qué consiste la economía de Dios, es decir, de qué manera cumple El Su propósito? Dios logra Su propósito de obtener este hombre corporativo, impartiéndose como vida en él. A no ser que se imparta en el hombre, Dios jamás logrará Su propósito.

V. EL ENEMIGO DE DIOS

Sin embargo, antes de que Dios lograra Su propósito, Satanás, el enemigo de Dios, se introdujo para engañar y usurpar al hombre, inyectándole su propia vida y naturaleza pecaminosa. De esta manera el hombre cayó en una condición lamentable, con una naturaleza pecaminosa, lo cual lo arruinó, impidiéndole participar en el propósito de Dios.

VI. LA SALVACION QUE DIOS EFECTUA

Sin embargo, ¡Dios jamás puede ser derrotado! A pesar de que el hombre cayó, frustrando así el plan de Dios, El continuó amándolo y no cambió Su propósito. Dios tuvo que intervenir para salvar al hombre y llevar a cabo Su propósito eterno, y esta acción de Dios es la salvación completa que El efectú.

Preguntas

1. ¿Qué significa la expresión "el beneplácito de Dios"?
2. Dé un ejemplo personal que explique, según la Biblia, lo que significa beneplácito de Dios, Su propósito y Su economía.
3. ¿Cuál es el propósito eterno de Dios?
4. Defina la palabra "eterno".
5. ¿Por qué decimos que el propósito de Dios es eterno?
6. Defina la palabra "economía". ¿En qué consiste la economía de Dios?

Referencias adicionales

Compendium of God's Full Salvation [Compendio de la salvación completa que Dios efectúa] (LSM), capítulo 1, I. A.

o

1. *Life-study of First Corinthians* [Estudio-vida de 1 Corintios] (Lee/LSM), pág. 96.
2. *Life-study of Ephesians* [Estudio-vida de Efesios] (Lee/LSM), págs. 631-632.
3. *The Completing Ministry of Paul* [El ministerio completador de Pablo] (Lee/LSM), pág. 9.

Lección dos

DIOS ELIGIO Y PREDESTINO A MUCHOS PARA QUE FUERAN SUS HIJOS

Lectura bíblica

Ef. 1:4-5; Ro. 9:11-13; 8:29; Jn. 8:44; 1:12

Bosquejo

I. Dios eligió
II. Dios predestinó
III. La filiación es la meta de la elección de Dios

Texto

I. DIOS ELIGIO

Para cumplir Su propósito eterno, Dios necesitaba crear al hombre. Pero antes de crearlo, debía elegir de entre billones de hombres a algunos para que fueran Sus hijos. Así que, antes de iniciar Su creación, Dios escogió a algunos. ¿Cómo podemos aseverar esto? La Biblia nos lo dice en Efesios 1:4: "Según nos escogió en El antes de la fundación del mundo, para que fuésemos santos y sin mancha delante de El en amor".

Esto quizás lo lleve a preguntarse: "¿Por qué me escogió a mí y no a otro?" El lo escogió a usted porque El así lo quiso, porque fue Su beneplácito hacerlo y no porque usted fuera bueno o estuviera muy capacitado. Este versículo también nos dice que nos escogió "en El", en Cristo, no porque fuéramos algo en nosotros mismos.

Según lo que la Biblia llama la presciencia de Dios, Dios supo cuándo, dónde y de quién naceríamos. Romanos 9:11 presenta como ejemplo la historia de Jacob. Antes de que Jacob naciera, aún antes de que tuviera la oportunidad de hacer bien o mal, Dios lo escogió en lugar de su hermano Esaú. Lo mismo sucedió con nosotros. ¿No es esto maravilloso? La elección de Dios es la primera bendición que El nos otorgó y todos debemos estarle profundamente agradecidos.

II. DIOS PREDESTINO

Después de escogernos, Dios nos predestinó para que fuéramos Sus hijos. Predestinar significa marcar de antemano con cierto propósito. Dios puso Su marca sobre nosotros aun antes de crearnos, para indicar que éramos Suyos. ¿Puede verse alguna "marca" usted? Por supuesto que no; pero Dios sí la ve, y Satanás también. Dios sabe, Satanás sabe, e incluso los ángeles saben que fuimos escogidos y marcados por Dios de antemano, con el fin de contener a Dios y expresarle como Sus hijos. Nuestra experiencia nos ha mostrado que no importa si nos interesa o no ser Sus hijos, Dios llevará a cabo su propósito con nosotros hasta llevarnos a Su meta.

III. LA FILIACION ES LA META DE LA ELECCION DE DIOS

La meta de la elección y la predestinación de Dios es "la filiación". En la Biblia la palabra filiación principalmente tiene dos significados: la madurez en la vida divina y la posición de heredar todo lo que Dios es. Un niño puede tener la vida de su padre, pero debido a su condición de niño no está capacitado para heredar todo lo que su padre posee. Solamente cuando haya crecido y madurado podrá recibir la herencia. Lo mismo sucede con nosotros. Dios nos escogió para que fuéramos Sus hijos, maduros y llenos de la vida divina. Posiblemente usted tenga la vida divina del Padre, la cual lo constituye en Su hijo; sin embargo, Dios no sólo lo escogió y predestinó para que fuera simplemente Su hijo, sino para que llegara a ser un hijo plenamente maduro en la vida divina, pues sólo así usted será apto para heredar todo lo que Dios es y ha obtenido. Todos debemos recibir Su vida y agradecerle por habernos escogido. Sólo Su vida en nosotros nos capacitará para llegar a ser Sus muchos hijos, crecer en El y expresarlo (Jn. 1:12).

Después de la caída del hombre, todos llegamos a ser pecadores e hijos del diablo (Jn. 8:44); pero a pesar de este hecho, Dios nos escogió para que llegásemos a ser Sus hijos. ¡Cuán maravilloso es esto! Aunque hoy no nos veamos iguales a El, confiamos en el hecho de que El nos eligió y que un día seremos los muchos hijos de Dios maduros, llenos de Su vida y de Su autoridad, para expresarle y representarle. En la actualidad la iglesia, el Cuerpo de Cristo, es la expresión única de Dios, y la Nueva Jerusalén lo será en el futuro.

Preguntas

1. Dios nos ha bendecido con mucho en Su salvación completa. ¿Cuál es la primera y gran bendición de Su salvación?
2. ¿Cuándo y cómo nos eligió y predestinó Dios?
3. ¿Cuál es la diferencia entre la elección y la predestinación de Dios?
4. Dios nos ha elegido y predestinado, ¿podríamos rechazarle? ¿Qué podemos hacer entonces?
5. ¿Cuál es la meta de la elección de Dios?
6. ¿Cuál es el significado bíblico de la filiación de Dios?
7. ¿Cómo llega una persona a ser un hijo de Dios?

Referencias adicionales

Compendium of God's Full Salvation [Compendio de la salvación completa que Dios efectúa] (LSM), capítulo 1, I. B. 1.

o

1. *Life-study of Ephesians* [Estudio-vida de Efesios] (Lee/LSM), págs. 597-598, 635-636.
2. Estudio-vida de Gálatas (Lee/LSM), págs. 256-257, 417-418.

Lección tres

LA META DE DIOS ES OBTENER UN HOMBRE CORPORATIVO

Lectura bíblica

Ef. 3:9-11; 1:22-23; 2:10, 19-22

Bosquejo

I. La iglesia es el Cuerpo de Cristo
II. La obra maestra de Dios

Texto

Antes de continuar, necesitamos ver algo de suma importancia que nos ayudará a entender mejor la salvación completa que Dios efectúa. La meta de la salvación de Dios no es obtener muchos individuos salvos, sino un hombre corporativo. ¿Qué es un hombre corporativo? Todos los hombres son individuos, es decir, son independientes uno del otro. ¿Cómo puede darse tal cosa como un hombre corporativo?

I. LA IGLESIA ES EL CUERPO DE CRISTO

Como vimos en la lección pasada, todos los hijos de Dios tienen la vida de Dios. En realidad, esta vida no es una cosa, sino una Persona; esta vida es Dios mismo. Tener esta vida significa que tenemos a una Persona viviente en nosotros, al propio Dios viviente. Cuando todos estos individuos son llenos del único Dios viviente, llegan a ser un Dios-hombre corporativo y dejan de ser muchos individuos. Así, todos ellos llegan a ser las muchas partes de este hombre corporativo, los muchos miembros del Cuerpo de Cristo.

Tomemos nuestro cuerpo como ejemplo. Dentro de nuestro cuerpo existe una sola vida, una persona. Cuando usted va a la escuela, va toda su persona. Al hacer algún trabajo, toda su persona lo hace. Todo lo que usted hace, lo hace en unidad, porque dentro de usted no hay dos personas, sino una.

¿Qué podemos decir con relación a Dios? El también está en unidad, y Su propósito es ser expresado en esta unidad. Cuando todos estos individuos lo reciben como vida, llegan a ser uno con El, y a esto se le llama: la iglesia, el Cuerpo de Cristo. En la eternidad futura, este grupo de personas constituirá la Nueva Jerusalén. A esto es a lo que nos referimos cuando hablamos del hombre corporativo, el cual alegra el corazón de Dios y cumple Su deseo.

Si leemos Efesios 3:9-11, veremos que la iglesia no es una entidad que simplemente surge cuando mucha gente individual es salva. ¡No! En lugar de esto vemos que la iglesia fue planeada desde la eternidad pasada. Fue con miras a la iglesia que muchas personas fueron salvas. Luego, en el tiempo y mediante nuestra salvación en Cristo, la iglesia se produjo para expresar a Dios. Según Apocalipsis 21 y 22, la iglesia continuará en la eternidad como la meta eterna y la morada de Dios.

¿Qué es la iglesia? La iglesia es un pueblo lleno de Dios como su vida. No son muchos individuos ocupados con sus propios intereses, sino más bien, son personas que están siendo llenas de Dios como vida y que juntamente con El están siendo edificadas. Al vivir en esta única vida, llegan a tener la imagen de Dios. Así, ellos llegan a ser la única expresión de Dios y aquellos que le representan con Su autoridad.

II. LA OBRA MAESTRA DE DIOS

La iglesia, como hombre corporativo, es la más maravillosa de todas las obras de Dios en Su creación. Efesios 2:10 nos dice que la iglesia es la "obra maestra" de Dios. Ni aun los cielos con todas sus maravillas, ni la tierra en toda su belleza, pueden compararse con la iglesia. La iglesia es lo que Dios se propuso obtener desde la eternidad, es el producto de Su economía y el deseo único de Su corazón.

Preguntas

1. ¿Cuál es el significado de la expresión "un hombre corporativo"? ¿Cómo es posible que tantas personas individuales lleguen a ser este hombre?

2. ¿Cuáles versículos de Efesios nos dicen que la iglesia no surgió simplemente porque muchas personas fueron salvas, sino que fue planeada conforme a Su plan eterno?
3. Compare lo que la mayoría de las personas piensan al escuchar la palabra "iglesia" con la revelación que nos da Efesios acerca de ella. ¿Tienen estos dos puntos de vista algo en común?

Referencias adicionales

Compendium of God's Full Salvation [Compendio de la salvación completa que Dios efectúa] (LSM), capítulo 1, I. B. 2.

o

1. *The Practical Expression of the Church* [La expresión práctica de la iglesia] (Lee/LSM), págs. 7-8.
2. *Life-study of Ephesians* [Estudio-vida de Efesios] (Lee/LSM), págs. 495, 624-630.
3. Estudio-vida de Génesis (Lee/LSM), págs. 488-490.
4. Estudio-vida de Exodo (Lee/LSM), págs. 623, #1286.
5. *Life-study of Second Corinthians* [Estudio-vida de 2 Corintios] (Lee/LSM), pág. 374.
6. Estudio-vida de Apocalipsis (Lee/LSM), págs. 25-26.
7. *The Central View of the Divine Dispensation* [Visión central de la dispensación divina] (Lee/LSM), págs. 7-8.

Lección cuatro

DIOS CREO AL HOMBRE COMO UN VASO TRIPARTITO

Lectura bíblica

Gn. 1:26; Ro. 9:2l-23; 1 Ts. 5:23; Gn. 2:7; Mt. 22:37; Ef. 3:16; 1 P. 3:4; Jn. 3:6

Bosquejo

I. El hombre fue creado a imagen y semejanza de Dios
II. El hombre es un vaso hecho para contener a Dios
   A. El cuerpo
   B. El alma
   C. El espíritu

Texto

En la primera lección vimos el plan maravilloso y eterno que Dios tiene. En la lección dos vimos que a fin de cumplir Su plan, Dios necesitaba elegir un pueblo. Luego, basado en Su plan y en Su elección, Dios procedió a crear los cielos y la tierra para el hombre. Al final, El creó al hombre de una manera muy especial, y éste llegó a ser el centro de Su creación.

I. EL HOMBRE FUE CREADO A IMAGEN Y SEMEJANZA DE DIOS

Primero, la Biblia nos dice en Génesis 1:26: "Entonces dijo Dios: Hagamos al hombre a nuestra imagen, conforme a nuestra semejanza". En este versículo vemos que Dios creó al hombre diferente de todas las demás criaturas. Todas las criaturas fueron creadas según su propia especie; únicamente el hombre fue creado conforme a la especie de Dios. ¿Pueden ver cuán cerca está el hombre de Dios? Podríamos ilustrar esto con un guante. El hombre es para Dios lo que el guante es para la mano. El guante se fabrica en forma de una mano a fin de que ésta pueda entrar en él. De igual manera, el hombre fue creado según la imagen de Dios y conforme a Su semejanza para que Dios pudiera entrar en él. ¿Puede ver ahora cuán maravilloso es usted? Sólo usted, de entre toda la creación de Dios, fue hecho de tal forma maravillosa. Esto hace de usted una persona muy importante en el universo. Usted fue creado como un vaso a la imagen de Dios para contenerle y expresarle. Esto no fue un accidente ni un producto de la evolución; por el contrario, fue algo planeado por Dios en la eternidad pasada y llevado a cabo en Su creación, para el cumplimiento de Su propósito eterno.

II. EL HOMBRE ES UN VASO HECHO PARA CONTENER A DIOS

En segundo lugar, la Biblia nos dice que Dios creó al hombre a Su imagen y semejanza como un vaso (Ro. 9:2l-23). El propósito de un vaso es contener algo. Una botella puede contener agua; ésta es su función o propósito. Asimismo, el hombre fue hecho para contener a Dios.

Desde luego, no somos vasos simples, sino vasos con tres partes: espíritu, alma y cuerpo (1 Ts. 5:23). Por eso, podemos decir que el hombre es un vaso o un ser "tripartito".

A. El cuerpo

La primera parte del hombre es su cuerpo, que es la parte física. Dios creó el cuerpo del hombre del polvo de la tierra (Gn. 2:7). Podemos vivir en la tierra gracias a nuestro cuerpo físico. Con él podemos tocar, ver, oler y oír las cosas que nos rodean. Por ejemplo, mientras usted lee esta lección, necesita las manos para sostener el libro y los ojos para leerlo.

B. El alma

El alma es la parte psicológica del hombre; es su yo, es decir, su persona o personalidad. El alma se compone de tres partes u órganos, a saber, la mente, la parte emotiva y la voluntad. Para entender esta lección, usted necesita usar el órgano de su mente. Al leer, tal vez se sienta emocionado al saber que ha sido creado a la imagen de Dios, y desee conocer más sobre esto. Esta es su emoción siendo animada. Además, cuando decide leer la Biblia para conocer más sobre Dios y el hombre, usted está ejercitando su voluntad. El alma es la parte que Dios creó en el hombre para que éste le pudiera conocer y amar, y así volverse a El para ser saturado por El y expresarle.

C. El espíritu

El espíritu es la parte más profunda del hombre. La Biblia también lo llama "el hombre interior" (Ef. 3:16) y "el hombre interior escondido en el corazón" (1 P. 3:4), debido a que el espíritu es la parte más profunda y difícil de conocer. De entre todas las criaturas, sólo el hombre fue creado con un espíritu. La función de nuestro espíritu es tocar a Dios y recibirlo. ¿Sabía usted que no sólo tiene un cuerpo y un alma, sino también un espíritu? Tal vez nunca haya pensado en esto. Si usted jamás ha ido a Dios, nunca ha tenido que usar su espíritu. Usted necesita su cuerpo y alma para existir como ser humano; pero si nunca ha ido a Dios, jamás ha usado su espíritu. Así como nuestros oídos sirven para escuchar los sonidos y nuestros ojos para ver los colores, nuestro espíritu es el órgano con el cual podemos recibir la vida de Dios y ser uno con El. ¡Aleluya! ¡Cuán maravilloso es el espíritu humano que Dios creó dentro de nosotros! Con nuestro espíritu podemos tocar a Dios y contenerle, a fin de expresarle en la tierra. Esto es lo que hace feliz a Dios y cumple Su propósito eterno al haber creado al hombre.

¿Tiene usted algunos amigos que no conocen al Señor o que afirman que El no existe? Esto se debe a que nunca han usado su espíritu para tener contacto con Dios. Ellos son como un hombre ciego que no cree que los colores existen porque nunca los ha visto. De igual forma, algunos no creen en Dios porque nunca han usado su espíritu para tocarle.

Quizás sepamos cuidar bien nuestro cuerpo y darle el uso apropiado. Tal vez vayamos a la escuela para desarrollar más nuestra capacidad intelectual. Pero si deseamos ser aquellos que están en completa armonía con el propósito de Dios, necesitamos aprender a usar nuestro espíritu para tocarle, recibirle y contenerle.

Preguntas

1. ¿Cuáles son las dos maneras en que hombre es diferente de las demás criaturas de Dios?
2. Romanos 9 nos dice que Dios hizo al hombre como un vaso. ¿Por qué la Biblia describe al hombre de esta forma?
3. Enumere las tres partes del hombre y sus funciones. Dé ejemplos de cómo usted usa cada parte.
4. Escriba una lista de siete recipientes de su casa y describa el contenido de cada uno.
5. ¿De qué forma nos muestra esto que el hombre es el vaso de Dios?

Referencias adicionales

Compendium of God's Full Salvation
[Compendio de la salvación completa que Dios efectúa] (LSM),capítulo 1, II.

o

1. Estudio-vida de Juan (Lee/LSM), pág. 61.
2. Estudio-vida de Génesis (Lee/LSM), págs. 64-66, 67, 136-138.
3. Estudio-vida de Romanos (Lee/LSM), págs. 710-712.
4. Estudio-vida de Gálatas (Lee/LSM), págs. 419-420.
5. La iglesia gloriosa (Nee/LSM), págs. 8-9.

Lección cinco

EL ARBOL DE LA VIDA Y EL RIO REPRESENTAN A DIOS COMO VIDA PARA EL HOMBRE

Lectura bíblica

Gn. 2:9-10; Jn. 1:4; 14:6; 10:10; 6:57; 7:37-38; Ap. 22:1

Bosquejo

I. El hombre fue puesto en el huerto de Edén
II. El árbol de la vida estaba en el centro del huerto
III. La vida que se requiere para expresar a Dios
IV. El árbol de la vida representa a Cristo
V. El río de vida sacia nuestra sed

Texto

I. EL HOMBRE FUE PUESTO EN EL HUERTO DE EDEN

Dios plantó un hermoso huerto y puso allí al hombre que había creado. Había muchos árboles frutales buenos para comer y en medio del huerto se hallaba el árbol de la vida, junto a un río. Luego, Dios puso al hombre enfrente de este árbol.

En aquel entonces, ¿cuál era la necesidad primordial del hombre? ¿Necesitaba acaso un trabajo a fin de ganar dinero para su sustento? Ciertamente que no. Dios le había provisto todo lo que necesitaba para vivir. ¿Le dijo Dios que hiciera el bien y que fuera bueno? No. El simplemente lo creó y lo puso en el huerto frente al árbol de la vida. Debemos recordar cuál fue el propósito por el cual Dios creó al hombre, si deseamos saber cuál era su necesidad básica. El no fue creado para ganarse el sustento ni para ser bueno o hacer el bien. No. El fue creado para expresar la imagen de Dios al ser lleno con la vida divina. Por lo tanto, la necesidad primordial del hombre era recibir a Dios como su vida.

II. EL ARBOL DE LA VIDA ESTABA EN EL CENTRO DEL HUERTO

Puede ser que haya escuchado acerca del huerto de Edén, pero ¿podría decir cuál era el aspecto más sobresaliente de dicho huerto? No piense que era su belleza y placer. Más bien, era el árbol de la vida que estaba en medio del huerto, ya que este árbol representa a Dios como vida para el hombre. El huerto de Edén no sólo era un lugar hermoso, sino un lugar en el cual el hombre podía recibir a Dios y ser lleno de El, a fin de cumplir Su propósito eterno y darle entera satisfacción.

III. LA VIDA QUE EXPRESA A DIOS

Aunque el hombre había sido creado a la imagen de Dios y conforme a Su semejanza, era imposible que expresara a Dios si primero no lo recibía como vida. No era suficiente tener sólo la forma exterior, Su imagen y Su autoridad. Era necesario que el hombre recibiera la vida de Dios a fin de expresarlo y representarlo. Si no tenemos la vida divina, somos totalmente incapaces y estamos descalificados para expresar y representar a Dios. Un foco es un buen ejemplo de esto. El foco fue hecho para brillar y expresar la electricidad; pero si la electricidad nunca entra en el foco, éste jamás cumplirá su función. Sucede igual con el hombre. El hombre es "un foco" creado para expresar a Dios, la luz divina; pero para que esto suceda, la electricidad divina, la vida de Dios, debe entrar en él. No es suficiente con haber sido creados a la imagen de Dios y conforme a Su semejanza. Si verdaderamente deseamos expresar a Dios, necesitamos recibir la vida divina en nuestro ser.

IV. EL ARBOL DE LA VIDA REPRESENTA A CRISTO

Leamos ahora Génesis 2:9-10. Después de crear al hombre, Dios no le pidió que hiciera el bien ni que se esforzara por expresarlo. En lugar de esto, lo puso frente al árbol de la vida, para que participara de él como vida. La única manera en que el hombre podía tomar a Dios y que Dios entrara en él, era comiéndole. En el Nuevo Testamento se nos dice que el árbol de la vida representa a Dios encarnado en Cristo. Juan 1:4 dice: "En El estaba la vida". En Juan 14:6, el Señor Jesús dijo que El era "el camino y la realidad y la vida".

En Juan 10:10, Él dijo que había venido para que nosotros tuviéramos vida y la tuviéramos en abundancia. En Juan 6:57, el Señor Jesús nos dijo que le comiéramos. Todos estos versículos nos muestran que Jesucristo es vida para el hombre, y esto mismo es lo que el árbol de la vida representa. ¿No es esto maravilloso? Jesús no vino para darnos unas cuantas leyes que gobiernen nuestra conducta. Tampoco vino para darnos un mejor trabajo, una casa o un automóvil. No. Él vino para impartirse en nosotros a fin de ser nuestra vida.

V. EL RIO DE VIDA SACIA NUESTRA SED

En el huerto no sólo estaba el árbol que representa a Cristo como nuestra vida, sino que también había un río. En Génesis no se usa la expresión "un río de vida", pero en Apocalipsis 22:1, leemos: "Y me mostró un río de agua de vida". Este río que aparece en toda la Biblia representa a Dios el Espíritu, que como vida nos alcanza y sacia nuestra sed. En Juan 7:37 el Señor Jesús dijo: "Si alguno tiene sed, venga a Mí y beba". Este versículo indica que Jesús vino con el fin de ser vida para el hombre, así como el agua sacia y apaga nuestra sed. Es posible que algunas veces usted haya sentido que nada puede satisfacerlo. Este era el caso de los judíos en Juan 7 (véase Juan 7:37-38). Ellos desconocían el propósito que Dios tuvo al crearlos y no veían la necesidad de recibir a Dios como vida. A pesar de que acababan de tener una gran fiesta que había durado toda una semana, seguían hambrientos y sedientos. Fue entonces que Jesús mismo se ofreció a ellos como la bebida que satisface, trayéndoles a Dios como vida para que tanto ellos como Dios pudieran ser satisfechos.

Hoy Dios sigue ofreciendo Su Persona a nosotros. Todos debemos acercarnos a Él para beberlo.

Preguntas

1. ¿Qué significa que Dios pusiera al hombre frente al árbol de la vida en medio del huerto de Edén?
2. ¿Por qué podemos decir que el hombre no necesitaba ganarse el sustento ni hacer el bien para cumplir el propósito que Dios tuvo al crearlo?

3. Trate de explicar por qué el hombre necesita tanto la vida de Dios como Su imagen para poder expresarle. Use un ejemplo si es necesario.
4. ¿Qué versículos del Nuevo Testamento nos muestran que el Señor Jesús es el árbol de la vida para el hombre?
5. ¿Qué es lo que más necesita el hombre hoy día?
6. ¿Cómo podemos comer del árbol de la vida y beber del río de vida hoy?

Referencias adicionales

Compendium of God's Full Salvation
[Compendio de la salvación completa que Dios efectúa] (LSM), capítulo 1, III. A.

o

1. *Stream Magazine Book One* [Revista El Manantial, tomo 1] (Lee/LSM), pág. 206.
2. *The Kingdom* [El reino] (Lee/LSM), págs. 63-64.
3. Estudio-vida de Génesis (Lee/LSM), págs. 146-148, 152-153.

Lección seis

LA CAIDA DEL HOMBRE

Lectura bíblica

Gn. 2:9-10, 17; 3:1-6; 1 Ti. 2:14; Ro. 5:18-19

Bosquejo

I. Los dos árboles
   A. Dependencia e independencia
   B. Vida y muerte
II. Satanás llegó a ser el enemigo de Dios
III. Satanás engañó al hombre
IV. La tragedia del universo
V. Dos grandes problemas
   A. El problema objetivo
   B. El problema subjetivo
VI. Un ejemplo

Texto

I. LOS DOS ARBOLES

En la lección anterior, tal vez hayan notado que en Génesis 2:9 había otro árbol además del árbol de la vida. Este árbol era el árbol del conocimiento del bien y del mal. Al participar de este otro árbol, el hombre cayó y quedó completamente arruinado para cumplir el propósito de Dios. En esta lección aprenderemos un poco más acerca de estos dos árboles, de cómo el hombre fue engañado para comer del árbol del conocimiento y del resultado de ello.

A. Dependencia e independencia

El árbol de la vida y el árbol del conocimiento representan dos principios que rigen la relación entre el hombre y Dios. El principio del árbol de la vida es vivir en total dependencia de Dios. Tener a Dios como nuestra vida nos hace depender de El. Por otra parte, el principio del árbol del conocimiento es vivir independientes de Dios. Cuando no tomamos a Dios como nuestra vida y decidimos vivir conforme al conocimiento, vivimos independientes de Dios y esto nos impide ser llenos de El y expresarlo conforme a Su plan.

B. Vida y muerte

Así como el árbol de la vida representa la vida de Dios, es decir, a Dios como vida para el hombre, el árbol del conocimiento representa a Satanás como el origen de la muerte. En Génesis 2:17 Dios le dijo al hombre que el día en que comiera del árbol del conocimiento ciertamente moriría. Esto indica que el árbol del conocimiento del bien y el mal es en realidad el árbol de la muerte. Al tomar del árbol del conocimiento, el hombre recibió el elemento y la naturaleza de Satanás, quien es la fuente de la muerte.

II. SATANAS LLEGO A SER EL ENEMIGO DE DIOS

En la Biblia se nos muestra que al principio, Satanás era Lucifer, el arcángel de Dios. Lucifer significa "lucero" o "estrella de la mañana". De entre todas las criaturas de Dios de aquel entonces, Lucifer era el más hermoso y sabio. Debido a esto, él ambicionó ser igual a Dios y quiso independizarse de El. Era su deseo que todas las criaturas de Dios le adorasen. Por lo tanto, se rebeló contra Dios y se convirtió en Su enemigo, el cual siempre ha tratado de exaltarse por encima de Dios y frustrar Su propósito.

III. SATANAS ENGAÑO AL HOMBRE

Antes de que el hombre hubiera recibido la vida de Dios, Satanás vino a Eva, la compañera de Adán, y la incitó para que comiera del árbol del conocimiento. El logró esto inyectando en la mente de ella sus pensamientos diabólicos. Fue así que Satanás hizo que Eva cuestionara a Dios, Su palabra y Su intención, haciéndola pensar que ella podía ser independiente de Dios y aún llegar a ser igual a Dios. Como resultado de esto, Eva tomó del fruto, lo comió y lo dio a su esposo, el cual también comió.

IV. LA TRAGEDIA DEL UNIVERSO

Este acto del hombre es la tragedia más grande del universo. El hombre que Dios había creado para contenerle y expresarle como vida, desobedeció, recibiendo a cambio la vida satánica. Ahora, en lugar de expresar a Dios, el hombre expresaría la vida pecaminosa y la naturaleza de Satanás, el enemigo de Dios. A causa de este hecho trágico, el hombre se desvió del propósito original de Dios. A este hecho y su resultado es a lo que llamamos la caída del hombre.

V. DOS GRANDES PROBLEMAS

A. El problema objetivo

Este hecho causó los dos problemas principales al hombre. Primero, por el lado objetivo, el hombre transgredió la justicia de Dios al desobedecer Su mandamiento de no comer de este árbol. Como consecuencia de esto, el hombre cayó bajo el juicio de Dios y perdió su derecho de participar del árbol de la vida. En vez de ser lleno de Dios, el hombre quedó separado de Dios; condenado a morir en sus pecados y finalmente a enfrentar el juicio de Dios y el lago de fuego.

B. El problema subjetivo

En cuanto al aspecto subjetivo, el hombre tomó dentro de sí la vida satánica, la cual vino a ser un veneno en él, constituyéndolo en un pecador con una naturaleza pecaminosa. El hombre, a quien Dios tanto amaba, y a quien había creado para que fuera Su único vaso y expresión, se había arruinado completamente debido a este hecho pecaminoso.

Esta gran tragedia se ha convertido en la historia de la humanidad. La caída del hombre ocurrió hace seis mil años, y sin embargo sus efectos pueden verse aún hoy día. Después de haber comido del árbol del conocimiento y de haber escogido una vida independiente de Dios, el hombre cayó del propósito de Dios a una vida llena de pecados y constituida de la naturaleza satánica. Es por eso que hoy en día él ignora completamente a Dios y a Su propósito.

VI. UN EJEMPLO

Estos dos problemas se pueden ilustrar de la siguiente manera. Supongamos que un niño, después de que su madre le advierte no tomar de una botella con veneno, la desobedece y lo bebe. En ese momento diríamos que el niño no sólo ha cometido un acto de desobediencia y que ahora tiene un problema con su madre, sino más grave aún es que ha tomado veneno y que morirá irremediablemente, a menos que se haga algo de inmediato.

Asimismo, el hombre no sólo desobedeció a Dios y cayó bajo Su condenación al comer del árbol del conocimiento, sino que también tomó dentro de sí la naturaleza venenosa de Satanás. Por lo tanto, Dios, en Su obra salvadora, necesita resolver ambos problemas: el problema de la desobediencia, y el problema de la vida venenosa y pecaminosa de Satanás que el hombre ingirió en su ser. A menos que Dios haga algo radical, el hombre morirá en sus pecados y será condenado por Dios, quedando completamente inútil para El y Su propósito eterno.

Preguntas

1. ¿Qué representan para el hombre el árbol de la vida y el árbol del conocimiento?
2. ¿Cómo engañó Satanás a la mujer para que tomara del árbol del conocimiento? Para contestar esto necesita leer Génesis 3:1-6.
3. ¿Cuáles fueron las consecuencias más grandes de la caída del hombre? Use el ejemplo que fue dado para explicar esto.
4. ¿Cómo tomamos del árbol de la vida o del árbol del conocimiento? Puede dialogar esto con el maestro.

Referencias adicionales

Compendium of God's Full Salvation
[Compendio de la salvación completa que Dios efectúa] (LSM), capítulo 2

1. Estudio-vida de Génesis (Lee/LSM), págs. 14-17, 175, 290-291.
2. Estudio-vida de Romanos (Lee/LSM), págs. 123, 125, 407-408, 453, 553.
3. La iglesia gloriosa (Lee/LSM), págs. 10, 19-21.
4. *Life-study of Ephesians* [Estudio-vida de Efesios] (Lee/LSM), págs. 83, 270.
5. La experiencia de vida (Lee/LSM), págs. 246-247.
6. La economía de Dios (Lee/LSM), pág. 115.
7. *The Kingdom* [El reino] (Lee/LSM), págs. 65-66.
8. Estudio-vida de Exodo (Lee/LSM), págs. 999-1000.

Lección siete

LA NECESIDAD DE QUE EL HOMBRE SEA SALVO

Lectura bíblica

Ro. 5:18; Jn. 3:36; He. 9:27; Mt. 25:41; Ap. 20:15; Ef. 2:1-2; 4:17-18a; 2 Ti. 3:2-4; Ro. 7:17-18a; 6:6b; 7:24; Jn. 8:44

Bosquejo

I. El problema objetivo con respecto a Dios
   A. Bajo la condenación de Dios
   B. Bajo la ira de Dios
   C. Aguardando el juicio de Dios
II. El problema subjetivo con respecto al hombre mismo
   A. Su espíritu se amorteció
   B. Su alma quedó arruinada
   C. Su cuerpo se corrompió

Texto

I. **EL PROBLEMA OBJETIVO CON RESPECTO A DIOS**

El primer problema del hombre en la caída es objetivo y tiene que ver directamente con Dios. Al usar la palabra objetivo nos referimos al hecho de que, aunque este problema nos concierne, es externo a nosotros. Recordemos el ejemplo del niño que desobedeció a su madre y bebió el veneno. Desobedecer a su madre era un problema objetivo. Aunque tenía mucho que ver con él, no era algo que afectara su ser interior. Debido a su desobediencia, él ahora tenía un problema con su madre y debía ser castigado por ello. Del mismo modo, el problema que nosotros tenemos con Dios debido a la caída de Adán es muy serio, y pronto tendremos que afrontar el castigo de Dios por ello.

A. Bajo la condenación de Dios

Todos nos encontramos ahora bajo la condenación de Dios por causa de la desobediencia de Adán (Ro. 5:18a). Cuando Dios creó al hombre, no creó a muchos hombres sino sólo a uno. Esto significa que todos los hombres estaban incluidos en este único hombre. Por tanto, cuando Adán pecó, a los ojos de Dios todos fuimos incluidos en ese acto pecaminoso, aunque nunca hubiéramos personalmente pecado de la misma forma. Debido a esto, cuando Adán fue juzgado y quedó bajo la condenación de Dios, nosotros también fuimos juzgados con él y quedamos juntamente bajo la misma condenación.

B. Bajo la ira de Dios

Debido a que Dios nos condenó en Adán, todos permanecemos bajo la ira de Dios (Jn. 3:36b). Así pues, por el pecado de Adán hoy todos los hombres se encuentran bajo la ira de Dios, aguardando Su juicio final.

C. Aguardando el juicio de Dios

Finalmente, el hombre será juzgado y lanzado por Dios al lago de fuego para sufrir el juicio divino por la eternidad (He. 9:27). La Biblia nos muestra que Dios no preparó el lago de fuego para el hombre, sino para Satanás y sus ángeles caídos, quienes le siguieron en su rebelión contra Dios (Mt. 25:41).

Sin embargo, debido a que el hombre fue engañado por Satanás y se rebeló en contra de Dios al desobedecerle, éste debe ahora sufrir juntamente con Satanás el juicio de Dios en el lago de fuego (Ap. 20:15).

Exteriormente, y en relación con Dios, ésta es la terrible condición en la cual el hombre cayó debido a la transgresión de Adán. En lugar de disfrutar la vida de Dios y de expresarlo a El, el hombre ha sido condenado a morir y a participar en el juicio de Satanás.

II. EL PROBLEMA SUBJETIVO CON RESPECTO AL HOMBRE MISMO

El segundo problema que el hombre tuvo a causa de la caída, es subjetivo, es decir, para consigo mismo. Retomando

LA NECESIDAD DE QUE EL HOMBRE SEA SALVO 37

el ejemplo anterior, el problema subjetivo corresponde al veneno que entró en el hombre, no al problema de la desobediencia. Al tomar del árbol del conocimiento, el hombre no sólo hizo algo indebido, lo cual podía resolverse con el perdón de Dios; en realidad, él tomó dentro de sí la misma vida de Satanás. Esta vida satánica que entró en el hombre amorteció, arruinó y contaminó todo su ser.

A. Su espíritu se amorteció

En primer lugar, el espíritu del hombre se amorteció cuando la vida satánica entró en él, y llegó a estar muerto en sus delitos y pecados (Ef. 2:1). Su espíritu amortecido perdió la función de tocar a Dios; es por eso que hoy los hombres no tienen la habilidad de tener contacto con Dios, y muchos inclusive no creen en El.

B. Su alma quedó arruinada

La vida satánica que entró en el hombre arruinó su alma, impidiéndole participar en el propósito de Dios. Su mente, la cual fue creada para conocer a Dios, quedó entenebrecida e incapaz de conocerle (Ef. 4:17-18a), debido a que se llenó de pensamientos vanos y razonamientos necios, que lo alejaron de Dios y de Su propósito. Su parte emotiva, la cual fue creada para amar a Dios, se desvió en pos de otras cosas y dejó de amarle. Hoy el hombre toma como objeto de su amor muchas cosas que no son Dios, e incluso en ocasiones le odia (2 Ti. 3:2-4). Por último, la voluntad, la cual Dios le dio al hombre para que lo escogiera y obedeciera, se hizo rebelde (Ef. 2:2b). Hoy, el hombre voluntariamente ha abandonado a Dios y se ha hecho uno con la voluntad de Su enemigo, Satanás. A causa de esto, el hombre vino a ser enemigo de Dios.

C. Su cuerpo se corrompió

Cuando Adán comió del fruto del árbol del conocimiento, la vida pecaminosa de Satanás entró en su cuerpo y lo convirtió en carne pecaminosa. La vida pecaminosa de Satanás está hoy en el cuerpo del hombre (Ro. 7:17-18a). Esta vida, la cual está llena de malos deseos y toda clase de maldad, convierte el cuerpo del hombre en un cuerpo de pecado que lo arrastra al pecado, y en un cuerpo de muerte que lo hace impotente para agradar a Dios y servirle (Ro. 6:6b; 7:24).

Esto nos muestra que el hombre fue condenado por Dios exterior y objetivamente, y que por otra parte, interior y subjetivamente, fue arruinado por la vida satánica. Llegó incluso a ser un hijo del diablo, debido a la vida pecaminosa que entró en él (Jn. 8:44; Ef. 2:2b). En tal situación triste y de ruina, el hombre no tiene ninguna esperanza y es incapaz de salvarse a sí mismo. Lo que le espera hoy es una vida llena de pecado, y en el futuro, el castigo eterno de Dios. Esta es la condición en la cual todos los hombres, incluyéndolo a usted y a mí, cayeron por el pecado de Adán. Esta horrible condición hizo que Dios, en Su amor, viniera a salvarnos.

Preguntas

1. Defina las palabras objetivo y subjetivo.
2. ¿Cuál es la causa del problema objetivo que existe entre el hombre y Dios?
3. ¿Cuál es el problema objetivo del hombre con relación a Dios?
4. ¿Cuál es la causa del problema subjetivo del hombre con respecto a sí mismo?
5. ¿De qué manera fueron arruinadas las tres partes del ser del hombre después que éste cayó?

Referencias adicionales

Compendium of God's Full Salvation
[Compendio de la salvación completa que Dios efectúa] (LSM), capítulo 3

o

1. *The Central View of the Divine Dispensation* [La visión central de la dispensación divina] (Lee/LSM), pág. 11.
2. *The Completing Ministry of Paul* [El ministerio completador de Pablo] (Lee/LSM), págs. 57-60.
3. Estudio-vida de Exodo (Lee/LSM), págs. 780-781.
4. Estudio-vida de Gálatas (Lee/LSM), pág. 102.
5. Estudio-vida de Romanos (Lee/LSM), págs. 36-37, 135-136.

6. Estudio-vida de Génesis (Lee/LSM), pág. 249.
7. *The Kingdom* [El reino] (Lee/LSM), págs. 66-67, 210-211.
8. Estudio-vida de Juan (Lee/LSM), pág. 124.
9. Estudio-vida de Apocalipsis (Lee/LSM), págs. 23, 544-545, 646-649.

Lección ocho

LA FUENTE DE LA SALVACION ES EL AMOR DE DIOS

Lectura bíblica

Ef. 2:4-5; Tit. 3:4-7; Jn. 3:16; 1 Jn. 3:11; 4:9-10; Ro. 5:8; 1 Jn. 3:1; 1 P. 1:3; Jn. 17:23; 2 Ts. 2:16-17; 2 Co. 5:14-15; Gá. 2:20

Bosquejo

I. El hombre está en una condición irremediable
II. El amor de Dios hacia el hombre
III. La misericordia se extiende más allá del amor
IV. El amor de Dios es la fuente de la salvación
V. El amor de Dios es eterno

Texto

I. EL HOMBRE ESTA EN UNA CONDICION LAMENTABLE

Hasta ahora hemos visto un cuadro general de la condición caída del hombre. El hombre pecó al desobedecer el mandato de Dios y cayó bajo la condenación divina. Además, la vida pecaminosa de Satanás, el enemigo de Dios, está ahora dentro de él. Por lo tanto, el hombre se encuentra en una condición irremediable, siendo incapaz de salvarse y de salvar a otros del juicio venidero de Dios. Por otra parte, también es incapaz de abstenerse de pecar y continuar ofendiendo a Dios. Por eso, su destino final será el lago de fuego, el cual Dios ha preparado para Satanás y todos aquellos que le siguen. Desde cualquier punto de vista, la condición del hombre es lastimosa e irremediable.

II. EL AMOR DE DIOS HACIA HOMBRE

Sin duda, el hombre no tiene ninguna esperanza de poder salvarse. Sin embargo, Dios ama al hombre debido a que

El tiene un corazón de amor. Podemos ver en Su propósito que Dios amó al hombre aun antes de crear los cielos y la tierra; lo amó después de crearlo y ponerlo frente al árbol de la vida; y ahora, después de la caída, Dios sigue amando al hombre. Dios aún desea que el hombre sea lleno de El a fin de que le exprese y traiga plena satisfacción a Su corazón.

Leamos Efesios 2:4-5: "Pero Dios, que es rico en misericordia, por Su gran amor con que nos amó, aun estando nosotros muertos en delitos, nos dio vida juntamente con Cristo (por gracia habéis sido salvos)".

[El versículo 4, el cual nos dice que Dios es rico en misericordia, comienza con las palabras: "Pero Dios". Este fue el factor decisivo que cambió nuestra posición. Estábamos en una situación miserable, pero Dios en Su rica misericordia vino a alcanzarnos y a hacernos aptos para recibir Su amor.]

III. LA MISERICORDIA SE EXTIENDE MAS ALLA DEL AMOR

[Dios es rico en misericordia "por Su gran amor con que nos amó" (v. 4). Para ser objetos de amor es necesario estar en una condición que amerite ser amados; sin embargo, el objeto de la misericordia se halla siempre en una situación lamentable. Por consiguiente, la misericordia de Dios se extiende más allá de Su amor. Dios nos ama porque somos el objeto de Su elección. Pero, por causa de la caída, llegamos a ser hombres dignos de lástima, muertos en delitos y pecados; por lo tanto, necesitamos la misericordia de Dios. Dios, por Su gran amor, es rico en misericordia para salvarnos de nuestra miserable condición a una que sea adecuada para recibir Su amor.]

IV. EL AMOR DE DIOS ES LA FUENTE DE LA SALVACION

Este amor es la fuente de nuestra salvación. Dios manifestó Su amor al enviar a Su Hijo unigénito para morir por nuestra redención. El no estaba obligado a salvarnos; incluso podía habernos echado al lago de fuego. Pero fue Su amor el que lo motivó a venir y a morir por nosotros. ¡Qué amor tan maravilloso!

[El buen Pastor dejó a todas sus ovejas y fue en busca de la que estaba perdida; el Espíritu Santo buscó la moneda perdida hasta encontrarla; y el Padre salió a recibir a Su hijo que se había perdido. En la parábola de Lucas 15 podemos ver que el amor divino no escatimó nada para redimir una sola alma. ¿Podríamos acaso pasar por alto la intensidad del amor de Dios hacia nosotros?

Fue por causa del hombre que el Señor Jesús vino a la tierra, y vino con el propósito específico de servirlo. Fue Su gran interés por el hombre que lo trajo desde los cielos para ministrar a los hombres, y aun derramó Su vida para rescatarlos. El poder que lo motivaba era Su amor ardiente por la humanidad. El ministró a causa de este amor y, debido a lo ilimitado de Su amor, pudo servirnos hasta la muerte de cruz.]

V. EL AMOR DE DIOS ES ETERNO

Debido a este amor, podemos llegar a ser hijos de Dios, hijos que crecen hasta alcanzar la madurez. Primera de Juan 3:1 dice: "Mirad cuál amor nos ha dado el Padre, para que seamos llamados hijos de Dios, y lo somos. Por esto el mundo no nos conoce, porque no le conoció a El".

Ahora podemos ver que, debido al amor con que Dios nos ama, no somos más un linaje sin esperanza. El desea salvarnos e impartirnos Su vida. Su propósito con el hombre es eterno así como lo es Su amor. El nunca cambia; cuando El nos ama, nos ama eternamente. A pesar de haber caído en pecado y muerte, Su gran misericordia nos alcanzó. ¡Aleluya! Debido a Su gran amor, podemos tener la certeza de que seremos llenos de Su vida y lograremos cumplir Su propósito eterno.

Preguntas

1. ¿Por qué Dios ama al hombre?
2. ¿Con qué clase de amor Dios nos ha amado?
3. ¿Cómo mostró Dios Su amor para con el hombre?
4. ¿Qué ha logrado para nosotros el amor de Dios según Efesios 2:4-5 y 1 Juan 3:1?

5. Ya que Dios nos ha amado y ha hecho tanto por nosotros, ¿cómo debemos corresponderle?

Porciones del ministro citado

1. *Life-study of Ephesians* [Estudio-vida de Efesios] (Lee/LSM), pág. 179.
2. El caracter del obrero del Señor (Nee/LSM), págs. 32-33.

Referencias adicionales

Compendium of God's Full Salvation [Compendio de la salvación completa que Dios efectúa] (LSM), capítulo 6.

o

1. Estudio-vida de Romanos (Lee/LSM), págs. 110-111, 279-281, 410-411.
2. *Life-study of Ephesians* [Estudio-vida de Efesios] (Lee/LSM), pág. 179.
3. *Life-study of Titus* [Estudio-vida de Tito] (Lee/LSM), págs. 40-41.
4. El caracter del obrero del Señor (Nee/LSM), págs. 32-33.
5. *Gospel Outlines* [Bosquejos de mensajes del evangelio] (Lee/LSM), págs. 330-331.
6. *Life-study of Second Thessalonians* [Estudio-vida de 2 Tesalonisenses] (Lee/LSM), pág. 34.
7. *Life-study of Second Corinthians* [Estudio-vida de 2 Corintios] (Lee/LSM), pág. 120.
8. Estudio-vida de Hebreos (Lee/LSM), pág. 246.
9. *Twelve Baskets Full Vol.1* [Doce cestas llenas, tomo 1] (Nee/LSM), pág. 54.
10. Estudio-vida de Juan (Lee/LSM), pág. 520.

Lección nueve

LA BASE DE LA SALVACION ES LA JUSTICIA DE DIOS

Lectura bíblica

Ro. 3:21-22; 1:17; 10:3; Fil. 3:9; 2 P. 1:1; Ro. 8:3

Bosquejo

I. La justicia de Dios es Dios mismo
II. El hombre está bajo condenación debido a la justicia de Dios
III. Cristo murió para cumplir el justo requisito de Dios
IV. El amor, la justicia y la sabiduría de Dios

Texto

En esta lección abarcaremos el asunto de la justicia de Dios. La justicia de Dios es la base sobre la cual somos salvos. El término "justicia" no debe atemorizarnos. Si comprendemos lo que es la justicia de Dios, nos regocijaremos y le alabaremos. Sin ella, no podríamos tener la confianza de acercarnos a Dios para aceptar y disfrutar Su salvación.

I. LA JUSTICIA DE DIOS ES DIOS MISMO

Primero necesitamos ver en qué consiste la justicia de Dios. [Podríamos decir que la justicia de Dios es lo que Dios es con respecto a la justicia y rectitud (Ro. 3:21-22; 1:17; 10:3; Fil. 3:9). Dios es justo y recto. Todo lo que El es en cuanto a Su justicia y rectitud, constituye Su justicia. Podemos decir además, que todo lo que Dios es en estos dos aspectos, en realidad es, El mismo. Por tanto, la justicia de Dios es Dios mismo, es decir, Su Persona, y no meramente uno de Sus atributos.]

II. EL HOMBRE ESTA BAJO CONDENACION DEBIDO A LA JUSTICIA DE DIOS

Dios tiene un gran problema con respecto a nosotros debido a nuestro pecado. Debemos recordar que El dijo en Génesis 2:17

que si el hombre a quien tanto amaba comía del árbol del conocimiento, ciertamente moriría. Debido a que el hombre comió de este árbol de maldición, debía morir, según la justicia de Dios. La justicia y el juicio son el fundamento del trono de Dios. Si Dios no condenara al hombre, Satanás podía tener una base legítima para acusar de injusto a Dios. De ser así, Dios no tendría autoridad alguna para gobernar y todo el universo entraría en caos.

III. CRISTO MURIO PARA CUMPLIR EL JUSTO REQUISITO DE DIOS

Aunque Dios amaba al hombre, debía condenarlo por lo que había hecho. Por consiguiente, ¿qué podía hacer Dios para cumplir los requisitos de Su justicia y a la vez preservar al hombre a quien amaba? ¿Cómo podía perdonar al hombre sin quebrantar Su justicia? La respuesta a estas preguntas son los dos aspectos de la justicia de Dios.

[A fin de que Dios nos pudiera perdonar, Cristo, el Hijo de Dios, se hizo carne. Romanos 8:3 nos dice que Dios envió a Su Hijo en semejanza de carne de pecado. En la encarnación, el Señor Jesús se vistió con la semejanza de carne de pecado, identificándose con los pecadores que viven en la carne, y fue muerto en la cruz a causa de la justicia. En la cruz, El fue hecho pecado por nosotros y así Dios condenó al pecado en la carne. Al morir por nosotros, el Señor Jesús llevó a cabo la redención cumpliendo todos los justos requisitos de Dios. Ahora Dios tiene la posición legal para perdonarnos. De hecho, no solamente puede perdonarnos, sino que ahora, debido a Su justicia, tiene que perdonarnos. Dios nos perdona, no principalmente porque nos ama, sino porque está obligado a hacerlo por causa de Su justicia.]

IV. EL AMOR, LA JUSTICIA Y LA SABIDURIA DE DIOS

La justicia de Dios nos condena, pero la muerte justa de Cristo nos justifica. La muerte de Cristo cumple los justos requisitos de Dios. ¡Cuán maravilloso es esto! El hombre puede recibir perdón y salvación, pues la muerte de Cristo satisface la justicia de Dios y le cierra la boca a Satanás. Ahora Dios no puede, y mucho menos Satanás, condenar a

LA BASE DE LA SALVACION: LA JUSTICIA DE DIOS 47

aquellos que creen en la muerte justa de Cristo. Si vemos esto, amaremos y apreciaremos mucho a nuestro Dios. Estos dos aspectos de Su justicia nos revelan Su amor, Su justicia y Su sabiduría.

Preguntas

1. ¿Qué es la justicia de Dios?
2. ¿Por qué el hombre, aun cuando Dios lo ama, debe morir por sus pecados?
3. ¿Qué pasos tuvo que dar Dios a fin de satisfacer Su justicia y a la vez salvar al hombre para Su propósito?
4. ¿De qué manera la muerte de Cristo cumplió con la justicia de Dios?
5. Cuando Dios nos perdona y nos salva, ¿lo hace basado en Su amor por el hombre o en Su justicia? ¿Por qué decimos esto?

Porciones del ministerio citadas

1. Estudio-vida de Romanos (Lee/LSM), págs. 53, 648.

Referencias adicionales

Compendium of God's Full Salvation [Compendio de la salvación completa que Dios efectúa] (LSM), capítulo 7.

o

1. Estudio-vida de Romanos (Lee/LSM), págs. 53, 647-650, 652-657, 688, 690-691.
2. *Life-study of Second Corinthians* [Estudio-vida de 2 Corintios] (Lee/LSM), págs. 132, 246.
3. *Life-study of Second Peter* [Estudio-vida de 2 Pedro] (Lee/LSM), págs. 5-6, 113-114.
4. Estudio-vida de Hebreos (Lee/LSM), págs. 173-175.
5. *The New Covenant* [El nuevo pacto] (Nee,Lee/LSM), pág. 58.

Lección diez
El DIOS-SALVADOR

Lectura bíblica

Gn. 3:15; 22:18; Is. 7:14; 9:6; Jn. 1:1, 14; 1 P. 3:18; Jn. 1:29; 3:14; 12:24; 1 Co. 15:45b; Gá. 3:14

Bosquejo

I. La primogenitura del hombre: contener a Dios como vida
II. Dios prometió un Salvador
III. Dios mismo profetizó la venida del Salvador
IV. El Salvador Dios-hombre
   A. Se encarnó
   B. Fue crucificado
   C. Resucitó

Texto

Dios no es sólo nuestro Juez debido a Su justicia, sino que también es nuestro Dios-Salvador porque nos ama. Dios juzgó al hombre de acuerdo con Su justicia después que éste pecó en el huerto del Edén; no obstante, debido a que Él amaba al hombre, prometió salvarlo.

I. LA PRIMOGENITURA DEL HOMBRE: CONTENER A DIOS COMO VIDA

Dios creó al hombre para que le contuviera como vida. En esto consiste la primogenitura, que es el derecho que el hombre obtiene por nacimiento. Este derecho es lo que le pertenece legítimamente al nacer. Para un joven príncipe, este derecho es el reinado, es decir, alcanzar la posición de rey y disfrutar de todos los privilegios de un rey. Si el príncipe llegara a ser secuestrado y llevado a otra tierra, perdería su primogenitura, sin importar el hecho de que aún sea el hijo del rey. De igual forma, cuando el hombre fue engañado por Satanás para desobedecer a Dios y recibir dentro de sí la vida y naturaleza satánica, el hombre fue literalmente "secuestrado" del propósito de Dios y perdió el derecho que recibió al nacer, a saber, contener a Dios como vida. Hoy el hombre se encuentra secuestrado y bajo el control de Satanás. Debido a esto, ha perdido su derecho de recibir a Dios como vida.

II. DIOS PROMETIO UN SALVADOR

A fin de resolver estos dos problemas, Dios le dio al hombre dos grandes promesas: prometió rescatarlo del dominio de Satanás y darle Su vida, esto para que cumpliera Su propósito.

En Génesis 3:15 Dios prometió que la simiente de la mujer aplastaría la cabeza de la serpiente, y en Génesis 22:18 prometió que en la simiente de Abraham todas las naciones serían bendecidas.

III. DIOS MISMO PROFETIZO LA VENIDA DEL SALVADOR

Con base en estas promesas, Dios, profetizó en el Antiguo Testamento acerca de Aquel que vendría, quien en realidad era El mismo viniendo en carne para salvar al hombre.

Primeramente tenemos las profecías en cuanto a Su nacimiento, las cuales revelan de quién El nacería (Is. 7:14) y en dónde nacería (Mi. 5:2). Después, se describe cuál sería Su aspecto físico (Is. 52:14; 53:2) y cómo llevaría a cabo Su ministerio (Is. 61:1; 42:1). Luego, se predice el año, el mes, el día, el lugar y la forma en que moriría (Dn. 9:24-26; Ex. 12:1-6; Gn. 22:2; Dt. 21:23; Zac. 12:10; Sal. 34:20). Además, se nos muestra de manera figurativa que entraría en la muerte, sería sepultado y que al tercer día resucitaría (Jon. 1:2, 17; 2:2-10; Mt. 12:40). Cuando Cristo vino, cumplió todas estas promesas y profecías. ¡Cuán maravilloso es esto! Tal persona incomparable que Dios nos prometió y sobre la cual profetizó, es el tema de todo el Antiguo Testamento.

IV. EL DIOS-HOMBRE SALVADOR

A. Se encarnó

En Juan 1:1 dice que el Verbo era Dios; luego, en Juan 1:14, vemos que el Verbo se hizo carne. Jesucristo es el Verbo encarnado. El es genuinamente tanto Dios como hombre. Al venir El, cumplió todas las promesas y profecías hechas por Dios en el Antiguo Testamento. Como Dios-hombre, nació de una virgen en Belén, y por treinta y tres años y medio llevó una vida humana genuina, pero sin pecado. Luego, fue crucificado en el año, mes, día y lugar profetizado cientos de años antes.

B. Fue crucificado

La muerte de Cristo logró muchos asuntos maravillosos a nuestro favor. Por Su muerte hemos sido redimidos, perdonados, lavados, justificados y reconciliados con Dios. La palabra redimido nos habla del precio que Dios tuvo que pagar para recuperarnos. Ser justificados significa que Dios nos considera tan justos como El. Ser reconciliados quiere decir que nosotros, que antes éramos Sus enemigos, hemos finalmente hecho las paces con El. Además de todo esto, Su muerte hirió la cabeza de Satanás, conforme a la promesa hecha por Dios en Génesis 3:15 (véase He. 2:14).

C. Resucitó

Cristo resucitó al tercer día y fue hecho el Espíritu vivificante para dar vida al hombre, cumpliendo así la promesa dada en Génesis 22:18 (véase Gá. 3:14). En resurrección El llegó a ser el Espíritu de la promesa con el fin de darnos la vida divina, la cual es la bendición eterna. ¡Qué maravilloso! La muerte del hombre Jesucristo resolvió el problema del hombre y restauró su primogenitura; Su muerte también puso fin a todos los problemas que el hombre tenía con Dios por causa de sus pecados, y le aplastó la cabeza a Satanás, a la serpiente, quien lo había secuestrado. Ahora el hombre, al creer en Jesús, puede ser salvo del pecado y de la muerte, y recibir la vida de Dios a fin de cumplir Su propósito eterno. Dios nos ha recobrado y ahora podemos disfrutar nuevamente del derecho que obtuvimos por nacimiento: contener la vida de Dios. Debemos alabar amorosamente a nuestro Dios-Salvador por todo lo que El ha hecho a nuestro favor.

Preguntas

1. ¿Cuál es el derecho que el hombre recibe por nacimiento? ¿Por qué el hombre tiene tal derecho?
2. ¿Cuáles son las dos grandes promesas que Dios hizo en el Antiguo Testamento y cómo se relacionan éstas con los dos problemas del hombre?
3. Lea los versículos citados en esta lección acerca de las profecías relacionadas con Cristo y escriba lo que ellas anuncian de El antes de Su venida.
4. ¿Qué queremos comunicar cuando decimos que Cristo era un Dios-hombre?
5. ¿Qué logró la muerte y la resurrección de Cristo?
6. ¿De qué forma se aplican estos logros a nosotros para otorgarnos salvación?

Referencias adicionales

Compendium of God's Full Salvation
[Compendio de la salvación completa que Dios efectúa] (LSM), capítulos 8 y 9.

o

1. *The Central View of the Divine Dispensation* [La visión central de la dispensación divina] (Lee/LSM), págs. 11-12.
2. Estudio-vida de Génesis (Lee/LSM), págs. 274, 785-786.
3. *The Kernel of the Bible* [El centro de la Biblia] (Lee/LSM), págs. 124, 136.
4. Estudio-vida de Gálatas (Lee/LSM), págs. 111, 136-137, 178-179.
5. *Life-study of Matthew* [Estudio-vida de Mateo] (Lee/LSM), págs. 43, 59, 61-62, 84, 130, 151-153, 212, 418-419, 565-566, 660-663, 791, 811-812, 823.
6. *Life-study of First Peter* [Estudio-vida de 1 Pedro] (Lee/LSM), págs. 72-75, 98, 105.

El DIOS-SALVADOR

7. *Life-study of Second Thessalonians* [Estudio-vida de 2 Tesalonisenses] (Lee/LSM), págs. 22-23.
8. Estudio-vida de Exodo (Lee/LSM), págs. 164, 202-203, 248-252, 841, 1079, 1138, 1191, 1199, 1680-1681.
9. Estudio-vida de Juan (Lee/LSM), págs. 23-24, 31, 35-36, 39-40, 120-121, 341-344, 466-468, 551-552.
10. *Christ and the Church in Psalms* [Cristo y la iglesia en los salmos] (Lee/LSM), págs. 35, 46.
11. *The Mending Ministry of John* [El ministerio remendador de Juan] (Lee/LSM), págs. 3-6.
12. *Stream Magazine Book One* [Revista El manantial, tomo 1] (Lee/LSM), págs. 462-463.
13. *Experiencing Christ as the Offerings for the Church Meetings* [La experiencia de Cristo como las ofrendas para las reuniones de la iglesia] (Lee/LSM), pág. 71.
14. Estudio-vida de Hebreos (Lee/LSM), págs. 9-10, 40, 52, 97-99, 108-110, 134, 146, 147, 153, 157-159, 335-336.
15. *Life-study of Colossians* [Estudio-vida de Colosenses] (Lee/LSM), págs. 66-67, 77-81, 190-191.
16. *The Kingdom* [El reino] (Lee/LSM), pág. 41.
17. Estudio-vida de Romanos (Lee/LSM), págs. 21-22, 155, 200, 434, 621-622, 679, 691.
18. *Life-study of Philippians* [Estudio-vida de Filipenses] (Lee/LSM), págs. 86-88.
19. *The Four Major Steps of Christ* [Los cuatro pasos principales que Cristo dio] (Lee/LSM), págs. 8-15.
20. *Stream Magazine Book Two* [Revista El manantial, tomo 2] (Lee/LSM), págs. 145, 962, 1433.
21. *Life-study of First Corinthians* [Estudio-vida de 1 Corintios] (Lee/LSM), págs. 71-72, 598, 613-614.
22. La iglesia gloriosa (Nee/LSM), págs. 19-20.
23. *Life-study of Ephesians* [Estudio-vida de Efesios] (Lee/LSM), págs. 57-58, 205-206, 226, 723, 728-729.
24. *Life-study of Second Corinthians* [Estudio-vida de 2 Corintios] (Lee/LSM), págs. 129-130,328.
25. La economía de Dios (Lee/LSM), pág. 136.
26. *Life-study of First John* [Estudio-vida de 1 Juan] (Lee/LSM), págs. 69-70.

27. Estudio-vida de Apocalipsis (Lee/LSM), págs. 41-42, 722-723.
28. *The Spirit and the Body* [El Espíritu y el Cuerpo] (Lee/LSM), págs. 83-85.
29. *The Kernel of the Bible* [El centro de la Biblia] (Lee/LSM), págs. 124, 136.
30. La experiencia de vida (Lee/LSM), pág. 29.

Lección once

LA REDENCION

Lectura bíblica

Ef. 1:7; Gá. 3:13; 1 P. 2:24; 3:18; 2 Co. 5:21; He. 10:12; 9:28, 12, 14; 1 P. 1:18-19

Bosquejo

I. ¿Qué es la redención?: recobrar o recuperar pagando un precio
II. Perdidos debido al pecado
III. Redimidos por la preciosa sangre de Cristo

Texto

En esta lección iniciaremos el estudio de los cinco aspectos objetivos de la salvación completa, los cuales resolvieron el problema que el hombre tenía con Dios. El primer aspecto es la redención que Cristo realizó por nosotros mediante Su muerte en la cruz. Leamos Efesios 1:7, que dice: "En quien tenemos redención por Su sangre, el perdón de los delitos según las riquezas de Su gracia".

I. ¿QUE ES LA REDENCION?: RECOBRAR O RECUPERAR PAGANDO UN PRECIO

La palabra redención es la forma sustantivada del verbo redimir. [Redimir significa volver a comprar algo que originalmente nos pertenecía, pero que se había perdido. Por ejemplo, este himnario me pertenece. Si se me perdiera y luego tuviera que volver a comprarlo, estaría recuperando o redimiendo mi propio himnario. Por lo tanto, la redención es pagar un precio para recuperar o recobrar al hombre, quien se había perdido.

Originalmente le pertenecíamos a Dios y éramos Su posesión, pero lamentablemente nos perdimos. A pesar de esto, Dios no nos abandonó. El pagó un gran precio para recuperarnos, éste es el significado de la redención. A pesar de que nos perdimos completamente, El no renunció a Su deseo de recobrarnos. Pero conseguir esto no era tan fácil para Dios, ya que nos involucramos en el pecado y en muchas otras cosas contrarias a Su justicia, Su santidad y Su gloria. Esto nos ocasionó muchos problemas con Dios, pues quedamos bajo una demanda triple, a saber, la demanda de Su justicia, santidad y de Su gloria. Tal demanda triple nos impuso muchos requisitos que eran imposibles de cumplir. Por consiguiente, Dios tuvo que pagar un precio muy alto a fin de recobrarnos. Cristo murió en la cruz para obtener nuestra redención eterna (Gá. 3:13; 1 P. 2:24; 3:18; 2 Co. 5:21; He. 10:12; 9:28). El tuvo que dar Su propia sangre para lograr esta redención eterna (He. 9:12, 14; 1 P. 1:18-19).]

II. PERDIDOS POR CAUSA DEL PECADO

De acuerdo con la norma de la justicia de Dios, somos injustos. Además, no somos santos como El. Nuestro destino original era la santidad, pero por causa de la caída, fracasamos y recibimos una naturaleza pecaminosa. Como resultado de esto no expresamos a Dios sino a Satanás; por lo tanto, fuimos privados de la gloria de Dios. ¡Qué terrible condición la nuestra!

Por causa del pecado, la transgresión y la iniquidad, nos perdimos y quedamos bajo la demanda de la ley, la cual nos impuso la maldición de la muerte.

III. REDIMIDOS POR LA SANGRE DE CRISTO

Pero, ¡alabado sea el Señor! Jesucristo vino a redimirnos. Por Su muerte justa El nos redimió, es decir, nos recobró para Dios y para Su propósito. Su sangre preciosa fue el precio con el cual El pagó nuestra deuda, ya que nosotros no éramos capaces de pagar un precio tan alto. Nuestro destino era morir en el pecado, pero ahora podemos acudir a Dios, ser perdonados, recibir Su vida, ser llenos de El y expresarlo. ¡Qué redención tan maravillosa!

Preguntas

1. ¿Qué significa la palabra redimir? ¿Cómo se aplica esto a Dios y al hombre?

LA REDENCION

2. ¿Cuál es el precio que pagó Dios por nosotros?

Porciones del ministerio citadas
1. Estudio-vida de Romanos (Lee/LSM), págs. 59-60.

Referencias adicionales
Compendium of God's Full Salvation
[Compendio de la salvación completa que Dios efectúa] (LSM), capítulo 11.

o

1. Estudio-vida de Romanos (Lee/LSM), págs. 59-60.
2. *Life-study of Titus* [Estudio-vida de Tito] (Lee/LSM), págs. 35-36.
3. Estudio-vida de Exodo (Lee/LSM), pág. 1499.
4. *Life-study of First John* [Estudio-vida de Primera de Juan] (Lee/LSM), págs. 54-55.
5. Estudio-vida de Gálatas (Lee/LSM), págs. 110-111, 172, 199.
6. *Life-study of First Peter* [Estudio-vida de Primera de Pedro] (Lee/LSM), págs. 97-98, 103-104, 216-217.
7. *Life-study of Ephesians* [Estudio-vida de Efesios] (Lee/LSM), págs. 195-196.

Lección doce

EL PERDON Y LA LIMPIEZA DE PECADOS

Lectura bíblica

Jer. 31:34; Zac. 13:1; Mt. 26:28; He. 9:12-14, 22-23; 1 Jn. 1:7-9; Ap. 1:5

Bosquejo

I. Dios perdona nuestros pecados
   A. Se olvida de nuestros pecados
   B. Nos perdona
II. Nos limpia de pecado

Texto

I. DIOS PERDONA NUESTROS PECADOS

Debido a su condición caída, el hombre requería del perdón de Dios y de la limpieza de pecados. Por haber ofendido a Dios necesitábamos Su perdón, pero a fin de perdonarnos, El debía primero satisfacer Su propia justicia. Su justicia demandaba que el hombre muriera; pero si sucedía esto, Dios no tendría quién recibiera Su vida, y Su propósito eterno no podría cumplirse. La única solución para este problema era que Cristo viniera y muriera por nosotros. Por medio de Su muerte, el justo requisito de Dios fue satisfecho, y ahora El puede perdonarnos.

A. Se olvida de nuestros pecados

Según Jeremías 31:34, decir que Dios perdona nuestros pecados equivale a decir que se olvida completamente de ellos. Cuando nosotros perdonamos a alguien que nos ha ofendido, rara vez olvidamos la ofensa. Pero Dios no es como nosotros; cuando El perdona nuestros pecados, no se acuerda más de ellos. ¡Aleluya! Dios puede ahora perdonarnos debido a la muerte de Cristo y a que hemos creído en El. Cuando El perdona nuestros pecados, jamás los vuelve a recordar. ¡Para

El es como si nunca hubiéramos pecado! ¡Simplemente por creer en este hecho, usted puede ser perdonado!

B. Nos perdona

[La redención efectuada por el Hijo mediante Su sangre, obtuvo el perdón de nuestros delitos (Mt. 26:28; He. 9:22). La redención es lo que Cristo realizó por causa de nuestros delitos, y el perdón es la aplicación a nuestros delitos de lo que El realizó. La redención fue efectuada por Cristo en la cruz, mientras que el perdón nos es aplicado en el momento en que creemos en El. En otras palabras, el perdón de nuestros delitos es la redención efectuada por la sangre de Cristo. La redención y el perdón son en realidad dos aspectos de un mismo logro. Pero estos dos términos se emplean para referirse a los dos aspectos: el aspecto de lo que fue efectuado en la cruz y el aspecto de lo que nos es aplicado en el momento en que creemos. Aunque la redención fue realizada por Cristo en la cruz mediante el derramamiento Su sangre, ésta no nos es aplicada hasta que creemos en El y hacemos una confesión cabal ante el Dios justo. Es en ese instante que el Espíritu de Dios aplica a nosotros la redención que Cristo efectuó en la cruz. De manera que, la redención se refiere al hecho realizado, y el perdón se refiere a su aplicación a nosotros.]

II. NOS LIMPIA DE PECADO

[¿Cuál es la diferencia entre perdonar y limpiar? A fin de entender esto necesitamos conocer la diferencia entre pecados e injusticia. Los pecados se refieren a los delitos, y la injusticia, a la marca o mancha en nuestra conducta causada al cometer un delito. Cada vez que pecamos, cometemos un delito. Este delito cometido se convierte en una mancha en nuestra conducta, y esta mancha constituye la injusticia. Por ejemplo, supongamos que al comprar dos artículos sólo le cobran el valor de uno. Si paga sólo un artículo, cometerá un delito contra la tienda. En cuanto a la persona que le vendió los artículos, dicho acto sería un delito, pero con relación a usted, esto viene a ser una marca de injusticia en su carácter. Como resultado de esto, tal vez no digan que usted es pecaminoso, pero sí podrán decir que es injusto.

EL PERDON Y LA LIMPIEZA DE PECADOS 61

De igual manera, nuestros pecados son delitos ante Dios, pero con respecto a nosotros, son manchas de injusticia. Así que, cuando confesamos nuestros pecados, por una parte, Dios nos perdona, y por otra, nos lava de la marca y de la mancha de nuestra injusticia. Esta es la razón por la cual 1 Juan 1:9 menciona no sólo el perdón de nuestros pecados, sino también la limpieza de la injusticia. Así que, el perdón de nuestros pecados en realidad equivale a la limpieza, al lavamiento de la mancha de nuestra injusticia.]

Preguntas

1. ¿Por qué razón el hombre necesita que Dios lo perdone y lo limpie?
2. ¿Cómo puede Dios perdonar al hombre sin hacer a un lado Su justicia?
3. ¿En qué se distingue la manera en que Dios perdona, de nuestra manera de perdonar?
4. ¿Cuál es la diferencia entre perdonar y limpiar?
5. Discuta la diferencia que existe entre redención y perdón.
6. ¿Ha experimentado el perdón de Dios por sus pecados?

Porciones del ministerio citadas

1. *Life-study of Ephesians* [Estudio-vida de Efesios] (Lee/LSM), págs. 57-58.
2. Estudio-vida de Priemera de Juan (Lee/LSM), págs. 104-105.

Referencias adicionales

Compendium of God's Full Salvation
[Compendio de la salvación completa que Dios efectúa] (LSM), capítulos 12 y 13.

o

1. Estudio-vida de Hebreos (Lee/LSM), pág. 156.
2. *Life-study of Matthew* [Estudio-vida de Mateo] (Lee/LSM), pág. 604.

3. *Life-study of Ephesians* [Estudio-vida de Efesios] (Lee/LSM), págs. 57-58, 60-61.
4. Estudio-vida de Exodo (Lee/LSM), pág. 404.
5. Estudio-vida de Romanos (Lee/LSM), pág. 648.
6. Estudio-vida de Juan (Lee/LSM), págs. 112-113.
7. Estudio-vida de Hebreos (Lee/LSM), págs. 9, 40.
8. *Life-study of First John* [Estudio-vida de Primera de Juan] (Lee/LSM), págs. 67-69.

Lección trece

LA JUSTIFICACION

Lectura bíblica

Ro. 3:22-24, 28; 4:25; 5:1; 8:33-34

Bosquejo

I. La justificación por la fe
II. Se basa en la redención de Cristo

Texto

Los versículos 23 al 26 del capítulo tres de Romanos dicen: "Porque todos han pecado, y carecen de la gloria de Dios, siendo justificados gratuitamente por Su gracia, mediante la redención que es en Cristo Jesús, a quien Dios ha presentado como propiciatorio por medio de la fe en Su sangre, para la demostración de Su justicia, a causa de haber pasado por alto, en Su paciencia, los pecados pasados, con la mira de demostrar Su justicia en este tiempo, a fin de que El sea justo, y el que justifica al que es de la fe de Jesús".

I. LA JUSTIFICACION POR LA FE

[¿Qué es la justificación? Es la acción por la cual Dios nos aprueba según la norma de Su justicia. La norma es Su justicia, no la nuestra. Aunque nosotros nos consideremos justos, nuestra justicia sólo mide un centímetro. No importa cuán justos seamos o nos consideremos, nuestra justicia no mide más de un centímetro. En cambio, ¿qué tan alta es la justicia de Dios? ¡Ciertamente es ilimitada! ¿Acaso piensa usted que su propia justicia es suficiente para que Dios lo apruebe? Eso es imposible. Aunque usted sea muy justo con sus padres, sus hijos y sus amigos, su propia justicia nunca lo justificará delante de Dios. Usted puede justificarse según su propia norma, pero eso no lo hará justo delante de Dios según la norma divina. Por tanto, necesitamos la justificación provista por la fe. Ser justificados por la fe significa ser aprobados por Dios según Su norma divina de justicia.

¿Cómo puede entonces Dios justificarnos? Puede hacerlo basado en la redención de Cristo. Somos justificados cuando la redención de Cristo nos es aplicada. Si no fuera por tal redención, sería imposible que fuéramos justificados por Dios. La redención es la base de nuestra justificación.]

¿Ha sido usted justificado? ¿En qué se basa para afirmar esto? La Biblia nos dice que somos justificados por la fe en Cristo, no por obras (Ro. 3:28; 5:1).

II. SE BASA EN LA REDENCION DE CRISTO

La muerte de Cristo hizo posible nuestra redención. Dios nos justificó sobre la base de tal muerte redentora. "¿Quién acusará a los escogidos de Dios? Dios es el que justifica. ¿Quién es el que condena? Cristo Jesús es el que murió; mas aún, el que también resucitó..." (Ro. 8:33-34). Todo aquel que sea de la fe de Jesús es justificado debido a que Cristo murió.

Dios es justo. El no permitiría que Cristo muriera en vano. Debido a que Cristo murió por nosotros, todos fuimos justificados. Dios no puede exigirnos ningún otro pago, después de haberle cobrado toda la deuda a Su Hijo Jesús. Ya que Cristo pagó el precio por nosotros, no necesitamos pagarlo de nuevo. Ahora podemos ser justificados simplemente creyendo en El. ¡Alabado sea el Señor!

Por la justicia de Dios fuimos condenados; pero por el hecho justo de Cristo, a saber, Su muerte en la cruz por nuestros pecados, todos hemos sido justificados según la norma de Su justicia. Ahora podemos decirle a Dios: "Soy tan justo como Tú, porque he creído en Cristo". ¿Se atreve usted a decir esto? Si creemos en la Biblia, nos arrepentimos de nuestros pecados y creemos en Cristo, ciertamente podremos afirmar esto. En ello consiste la fe cristiana básica.

Preguntas

1. ¿Cuál es el significado básico de ser justificado por la fe?
2. ¿Qué es lo que más nos debe impresionar acerca de la justificación?

LA JUSTIFICACION

3. ¿Cómo puede Dios aprobarnos según la norma de Su justicia?
4. ¿Cuál es su condición ante Dios ahora que ha sido justificado?

Porciones del ministerio citadas

1. Estudio-vida de Romanos (Lee/LSM), pág. 55.

Referencias adicionales

Compendium of God's Full Salvation [Compendio de la salvación completa que Dios efectúa] (LSM), capítulo 14.

o

1. Estudio-vida de Romanos (Lee/LSM), págs. 11, 55, 64-65, 83, 88-89, 500-501.
2. *Life-study of Second Corinthians* [Estudio-vida de 2 Corintios] (Lee/LSM), págs. 165-166.
3. Estudio-vida de Génesis (Lee/LSM), pág. 620.

Lección catorce

LA RECONCILIACION

Lectura bíblica

Ro. 5:1, 10-11; Col. 1:20-22;
2 Co. 5:18-19; Ef. 2:13-18

Bosquejo

I. El hombre: enemigo de Dios
II. Reconciliados con Dios por la muerte de Cristo

Texto

Ahora llegamos al último aspecto objetivo de la salvación completa que Dios ha efectuado, a saber, la reconciliación. La reconciliación es la acción mediante la cual dos entidades vuelven a estar en unidad o armonía.

El apóstol Pablo dijo: "Justificados, pues, por la fe, tenemos paz para con Dios por medio de nuestro Señor Jesucristo" (Ro. 5:1). También dijo: "Porque si siendo enemigos, fuimos reconciliados con Dios por la muerte de Su Hijo, mucho más, estando reconciliados, seremos salvos en Su vida. Y no sólo esto, sino que también nos gloriamos en Dios por medio de nuestro Señor Jesucristo, por quien hemos recibido ahora la reconciliación" (Ro. 5:10-11).

I. El HOMBRE: ENEMIGO DE DIOS

[Nuestra posición inicial no era sólo la de pecadores, sino también la de enemigos de Dios. Por medio de la muerte redentora de Cristo, Dios nos justificó, a nosotros los pecadores, y nos reconcilió, a nosotros Sus enemigos, consigo mismo (5:1, 10-11). Esto ocurrió cuando creímos en el Señor Jesús. Por medio de la fe recibimos la justificación y la reconciliación de Dios. Esto nos ha abierto el camino y la entrada a la esfera de la gracia, a fin de disfrutar a Dios].

Por causa de la caída, el hombre no sólo pecó contra Dios sino que también se convirtió en Su enemigo. El perdón es suficiente para resolver el problema de los pecados; pero debido a que el hombre se convirtió en enemigo de Dios, se requería algo más, a saber la reconciliación.

Si usted se convierte en enemigo de alguien, necesita reconciliarse con él. A no ser que se reconcilie, nunca más podrá hablar con él. Siempre que lo vea, tratará de evadirle el paso. Si están en la misma escuela, le evadirá la mirada. Pero si un amigo los ayuda a reconciliarse, volverán a estar en paz y serán amigos nuevamente.

Dios ama al hombre y desea ser su vida. La única forma en que el hombre puede llevar a cabo el propósito eterno de Dios, es al ser lleno de El. No obstante, debido a que nos convertimos en Sus enemigos, no había manera de que Dios pudiera cumplir Su propósito con nosotros. Por consiguiente, requeríamos de la reconciliación, la cual nos trajo de vuelta a Dios. Alabamos al Señor por haber venido en el Hijo a morir por nosotros.

II. RECONCILIADOS CON DIOS POR LA MUERTE DE CRISTO

La muerte de Cristo resolvió el problema de la ofensa que el hombre causó a la justicia de Dios. Así que, por medio de Su muerte podemos ser reconciliados con Dios (Ro. 5:10a). El hombre fue reconciliado con Dios a fin de que ambos, el hombre y Dios, vuelvan a estar en armonía. ¡Aleluya por Su muerte redentora! Esta muerte resolvió todos los problemas objetivos que había entre nosotros y Dios. Cristo pagó el precio por nuestros pecados para redimirnos y traernos de regreso a Dios. Cuando creemos en El, Su redención es aplicada a nosotros, y somos perdonados y limpiados de nuestros pecados. Una vez que esto sucede, Dios nos considera tan justos como El. ¡Aleluya! Satanás aún tiene un gran problema con Dios, pero el nuestro ya ha sido resuelto. Ahora podemos acercarnos libremente a El para recibirle como nuestra vida. ¡Alabado sea el Señor! Dios está feliz y Sus ángeles también lo están. ¡Su iglesia entera está feliz!

Preguntas

1. Defina la palabra reconciliación.
2. ¿Por qué necesita el hombre ser reconciliado con Dios?

LA RECONCILIACION

3. ¿Por qué el hombre llegó a ser un enemigo de Dios?
4. ¿Cómo nos reconcilia con Dios la muerte de Cristo?
5. Ahora que hemos sido reconciliados con Dios, ¿cómo es nuestra relación con El?
6. ¿Existen en este momento problemas entre usted y Dios que no hayan sido resueltos? Explique ampliamente su respuesta.

Porciones del ministerio citadas

1. Estudio-vida de Romanos (Lee/LSM), pág. 110.

Referencias adicionales

Compendium of God's Full Salvation
[Compendio de la salvación completa que Dios efectúa] (LSM), capítulo 15.

o

1. Estudio-vida de Romanos (Lee/LSM), págs. 58-60, 110.
2. *Life-study of Ephesians* [Estudio-vida de Efesios] (Lee/LSM), págs. 197, 226-228, 599.
3. *Life-study of Second Corinthians* [Estudio-vida de 2 Corintios] (Lee/LSM), pág. 132.

Lección quince

LA REGENERACION

Lectura bíblica

Jn. 3:2-6; 1:12-13; 1 Jn. 5:12; Ez. 36:26-27

Bosquejo

I. La intención eterna de Dios
II. Necesitamos recibir la vida de Dios
III. Nacer de Dios
IV. Un corazón nuevo, un nuevo espíritu y el Espíritu que mora en nosotros

Texto

En esta lección, llegamos al primero de los cinco aspectos subjetivos de la salvación completa que Dios efectúa: la regeneración. La regeneración significa que además de la vida que recibimos al nacer, hemos recibido otra vida, la vida de Dios. Esto es a lo que la Biblia llama "nacer de nuevo" o "volver a nacer". La regeneración es el aspecto principal de nuestra experiencia de salvación y el punto inicial de nuestra relación en vida con Dios.

I. LA INTENCION ETERNA DE DIOS

Dios desea tener un grupo de personas que sean llenas de El como su vida, a fin de que expresen Su imagen y representen Su autoridad. Al desobedecer a Dios, Adán cayó en el pecado y perdió su primogenitura; no obstante, la muerte de Cristo resolvió todos los problemas entre el hombre y Dios. Esta muerte proveyó a Dios la manera de redimir, perdonar, limpiar y justificar al hombre, conforme a Su propia justicia, y no sólo por Su amor a nosotros. Como ya hemos visto, aunque Dios nos amaba, no podía salvarnos sin antes satisfacer los requisitos de Su justicia. Finalmente, fuimos traídos de nuevo a Dios. Mientras el hombre aún no tenga a Dios como su vida y le exprese, ni Dios ni el hombre estarán satisfechos.

El siguiente paso que Dios tomó para efectuar Su salvación, fue entrar en el hombre y depositar Su vida en él. Este es el paso más crucial. Incluso si el hombre fuese completamente perdonado y reconciliado, si no tuviera la vida divina, le sería imposible expresar a Dios.

II. NECESITAMOS RECIBIR LA VIDA DE DIOS

En Juan tres Jesús habló con un buen hombre llamado Nicodemo. Aunque Nicodemo era muy sabio y ético, el Señor Jesús le reveló que su verdadera necesidad era nacer del agua y del Espíritu. Nicodemo era un hombre con un vivir excelente y un comportamiento ético muy elevado, pero desde la perspectiva de Dios, aún tenía la naturaleza y la vida satánica; por lo tanto, necesitaba nacer del agua. Jesús se refirió aquí al agua del bautismo. En la Biblia el bautismo significa terminación, es decir, poner fin a la vida pecaminosa y natural. La vida y naturaleza satánica que Nicodemo había recibido por la caída en Adán, debía ser eliminada. Sólo entonces, la vida de Dios que recibimos por medio del Espíritu vivificante y mediante la resurrección de Cristo, podía germinar en él.

III. NACER DE DIOS

Ser cristiano no es un asunto de enmendarnos; más bien, es necesario nacer de Dios, lo cual significa que aparte de nuestra vida humana, recibimos la vida divina. Todos somos pecadores debido a que hemos nacido en pecado. ¿Cómo puede un pecador dejar de pecar? Es imposible. ¿Cómo se le puede pedir a un perro que deje de ladrar y que en lugar de ello maúlle? Todo lo que uno hace es gobernado por la vida que posee. Aun si Dios perdonara todos nuestros pecados, nuestra naturaleza pecaminosa nos conduciría a pecar de nuevo. Lo que en realidad necesitamos es otra vida, una vida libre de pecado, y la única vida que no tiene pecado es la vida de Dios. La regeneración imparte tal vida en nuestro ser. Esta es la vida que Adán rechazó cuando en lugar de comer del comer del árbol de la vida, se volvió al árbol del conocimiento. Ahora, al creer en Cristo, podemos nacer de Dios y recibirle como nuestra vida. ¡Alabado sea el Señor! Qué misericordia y gracia que hombres tan pecaminosos y viles como nosotros, podamos crecer en la vida divina, llegar a ser los hijos de Dios y expresrlo a El.

IV. UN CORAZON NUEVO, UN NUEVO ESPIRITU Y EL ESPIRITU QUE MORA EN NOSOTROS

Ezequiel 36:26-27 nos dice que en el momento de nuestra regeneración recibimos tres cosas maravillosas. En primer lugar, recibimos un "corazón nuevo", "un corazón de carne", a cambio de nuestro viejo "corazón de piedra". Al experimentar el amor de Dios en Su gracia, nuestro corazón viejo, que era frío y duro para con Dios, se vuelve suave y dócil para amarle y desearle. En segundo lugar, recibimos un "espíritu nuevo", el cual es nuestro espíritu viejo y amortecido, pero renovado y avivado por el Espíritu vivificante. Ahora nuestro espíritu está vivo y puede funcionar adecuadamente a fin de tener contacto con el Espíritu de Dios y disfrutar de Su salvación completa. Por último, recibimos el Espíritu de Dios, quien viene a morar en nosotros. ¡Qué salvación tan maravillosa recibimos al creer en el Señor! La regeneración es el aspecto principal e inicial de esta salvación.

Preguntas

1. ¿Qué significa nacer de nuevo?
2. ¿Por qué necesitamos ser regenerados?
3. ¿Porqué Jesús le dijo a Nicodemo que además de nacer del Espíritu necesitaba nacer del agua? ¿Cómo se aplica esto a nosotros?
4. ¿Qué relación hay entre la regeneración y el cumplimiento del propósito de Dios?
5. ¿Cuáles son las tres cosas que recibimos como resultado de nuestra regeneración?

Referencias adicionales

Compendium of God's Full Salvation
[Compendio de la salvación completa que Dios efectúa] (LSM), capítulo 16.

74 LA SALVACION COMPLETA QUE DIOS EFECTUA

1. El conocimiento de la vida (Lee/LSM), págs. 26-28, 39-40, 48.
2. Estudio-vida Juan (Lee/LSM), págs. 28-29, 101-102, 105, 113, 115- 116.
3. Estudio-vida de Gálatas (Lee/LSM), págs. 287-288.
4. *What is Regeneration?* [¿Qué es la regeneración?], págs. 6-7.
5. La experiencia de vida (Lee/LSM), págs. 9-10.
6. *The Fulfillment of the Tabernacle and Offerings in the Writings of John* [El cumplimiento del tabernáculo y las ofrendas en los escritos de Juan] (Lee/LSM), págs. 62, 84-88.
7. Estudio-vida de Romanos (Lee/LSM), pág. 237.
8. *The Kingdom* [El reino] (Lee/LSM), págs. 13-14.

Lección dieciséis

LA SANTIFICACION

Lectura bíblica

1 Ts. 5:23; Ro. 5:10; 1 P. 2:2; Ro. 1:4;
Ef. 5:26; Jn. 17:17; 6:63

Bosquejo

I. Ser hechos santos
II. La santidad es Dios mismo
III. El crecimiento
IV. Por Su vida
V. Mediante el Espíritu y la Palabra

Texto

¡Alabado sea el Señor por la regeneración! Por medio de ella recibimos una vida nueva, un corazón nuevo y un espíritu nuevo. Además, el Espíritu de Dios ahora mora en nosotros. Nuestro espíritu, el cual se amorteció por la caída del hombre, ha sido vivificado por el Espíritu vivificante. Como resultado, hemos comenzado a experimentar subjetivamente, la salvación completa de Dios. ¡Alabémosle por este nuevo comienzo tan maravilloso!

Pero, ¿es eso todo lo que incluye la salvación de Dios? No. Antes de que se efectúe por completo en nosostros la salvación de Dios, deben ocurrir muchas otras cosas. En esta lección veremos la santificación. La santificación es el proceso mediante el cual la naturaleza santa de Dios se forja en nosotros.

I. SER HECHOS SANTOS

La santificación es necesaria a fin de que la naturaleza santa de Dios se forje en nuestro ser. Esta santificación es el proceso mediante el cual somos hechos santos. Algunas personas tienen el concepto de que, para ser hechos santos, deben esforzarse para no pecar y para mantenerse alejados de todo lo maligno. Pero, ¿cómo podríamos nosotros, siendo personas impías llenas de la naturaleza satánica, llegar a ser santos por el simple hecho de hacer o dejar de hacer ciertas cosas? ¡Esto es imposible!

II. LA SANTIDAD ES DIOS MISMO

En todo el universo, sólo Dios es santo. Su vida y Su naturaleza son santas. Si usted no tiene a Dios, no puede ser santo; si ha recibido sólo un poco de Dios, sólo tiene un poco de santidad. Si recibe más de Dios, tiene más santidad; pero si está lleno de Dios, entonces estará lleno de santidad. La santidad es simplemente Dios mismo.

III. EL CRECIMIENTO

Al creer en Cristo Jesús usted fue regenerado. ¿Es usted santo? Si responde que sí, entonces le preguntaría: "¿cuánto?" La regeneración es un nuevo nacimiento. Pedro nos dice que los nuevos creyentes son como bebés recién nacidos (1 P. 2:2). Por la regeneración nacimos de Dios y recibimos Su vida y naturaleza santas como nuestra porción. Por tanto, somos hechos un poquito santos. Luego, a medida que crecemos en esta vida y naturaleza divinas, llegamos a ser más santos. El crecimiento en vida viene al añadirse a nosotros más de la naturaleza santa de Dios. Este proceso de crecimiento se llama santificación.

IV. POR SU VIDA

Romanos 5:10 dice: "Porque si siendo enemigos, fuimos reconciliados con Dios por la muerte de Su Hijo, mucho más, estando reconciliados, seremos salvos en Su vida". Este versículo dice claramente que ser salvos en vida es "mucho más" que ser reconciliados. La reconciliación únicamente resolvió el problema externo que teníamos con Dios, pero la salvación en Su vida nos libra de nuestra naturaleza pecaminosa y nos introduce en la naturaleza divina y santa de Dios mismo. En esto consiste la santificación. El apóstol Pablo usó las palabras "mucho más" para demostrar la importancia que tiene la santificación en vida.

V. MEDIANTE EL ESPIRITU Y LA PALABRA

Somos santificados al tener contacto con el Espíritu de santidad (Ro. 1:4). El Señor entró en nuestro espíritu mediante la regeneración y ahora podemos tener contacto con el Espíritu de santidad siempre que nos volvemos al Señor y oramos. Cuando hacemos esto, la naturaleza santa se extiende a nuestra alma para santificarnos. Juan 17:17 también nos dice que somos santificados en la verdad de la Palabra. Por tanto, también necesitamos tocar al Señor por medio de la Palabra.

En esta lección vemos que no debemos estar satisfechos con el simple hecho de haber sido perdonados y limpiados por Dios, ni siquiera con el hecho de haber sido regenerados. Aunque ciertamente estas experiencias son maravillosas, no debemos detenernos en ellas. Más bien, debemos seguir adelante hasta alcanzar la plena madurez en la vida divina; sólo así seremos plenamente santificados, es decir, saturados con la vida y la naturaleza santa de Dios, a fin de expresarlo y representarlo plenamente.

Preguntas

1. ¿Qué significa ser santificados?
2. ¿Cuáles son las dos cosas que ocurren por medio de la santificación?
3. ¿Cuál es el factor básico de nuestra santificación?
4. ¿Cuál es la meta de la santificación?
5. ¿Cómo podemos experimentar de manera práctica la santificación?

Referencias adicionales

Compendium of God's Full Salvation
[Compendio de la salvación completa que Dios efectúa] (LSM), capítulo 17.

o

1. Estudio-vida de Hebreos (Lee/LSM), págs. 129-132.

2. *Life-study of First Peter* [Estudio-vida Primera de Pedro] (Lee/LSM), págs. 19-20, 32-33, 42-43.
3. *Life-study of Ephesians* [Estudio-vida de Efesios] (Lee/LSM), págs. 26, 28-29, 30-31, 37-38, 110, 457-458, 472-473.
4. Estudio-vida de Romanos (Lee/LSM), págs. 12, 222, 224-228, 232.
5. *Truth Messages* [Mensajes de la verdad] (Lee/LSM), págs. 40-43, 46.
6. Estudio-vida de Juan (Lee/LSM), págs. 511-512, 514-515.

Lección diecisiete

LA TRANSFORMACION

Lectura bíblica

Ro. 12:2; 2 Co. 3:16-18; Ef. 4:23; Col. 3:10;
1 P. 2:2-5; Ef. 5:26-27; Ro. 8:28-29

Bosquejo

I. Un cambio interno
II. Un proceso metabólico
III. Un elemento nuevo que reemplaza al viejo
IV. En nuestra mente, parte emotiva y voluntad
V. Al extenderse Cristo en nuestro ser
VI. Al contemplar al Señor a cara descubierta

Texto

I. UN CAMBIO INTERNO

La transformación es el resultado de la santificación y se relaciona con el alma del hombre. La transformación es un proceso mediante el cual una sustancia cambia de naturaleza y forma; es un cambio interno de naturaleza que produce un cambio externo de forma.

II. UN PROCESO METABOLICO

[Este proceso es un cambio metabólico, es decir, no se trata meramente de un cambio exterior, sino de un cambio efectuado tanto en la constitución interna como en la forma externa. Tal tipo de cambio ocurre mediante un proceso metabólico. Por ejemplo, en nuestro cuerpo ocurre un proceso metabólico cuando un elemento orgánico lleno de vitaminas entra en nuestro ser y cambia químicamente nuestra vida orgánica. Esta reacción química transforma la constitución de nuestro ser de una forma a otra. En esto consiste la transformación.

Supongamos que una persona tiene un rostro muy pálido y desea cambiar su apariencia aplicando maquillaje a su piel. Esto sólo produciría un cambio externo, pero no sería algo orgánico, no sería un cambio en vida. ¿Cómo puede esta persona tener verdaderamente un rostro lozano? La única manera es ingiriendo diariamente alimentos nutritivos que contengan los elementos orgánicos necesarios. Debido a que nuestro cuerpo es un organismo viviente, cuando una sustancia orgánica entra en él, forma un compuesto químico que inicia un proceso orgánico y metabólico. Gradualmente, este proceso interno hará que el color de nuestro rostro cambie. Esta clase de cambio no es externo, sino un cambio que se da desde el interior, un cambio que proviene de dicho proceso metabólico].

III. UN ELEMENTO NUEVO QUE REEMPLAZA AL VIEJO

[Mediante tal proceso metabólico, un elemento nuevo es impartido al organismo. Tal elemento nuevo reemplaza al elemento viejo y hace que éste sea eliminado. Así que, a medida que se da este proceso dentro del organismo viviente, algo nuevo se genera dentro de él, que reemplaza al elemento viejo y lo desecha. El metabolismo, por ende, incluye tres asuntos: primero, suple un elemento nuevo; después, reemplaza el elemento viejo con el nuevo; y finalmente, elimina el elemento viejo, produciendo algo nuevo.]

De igual manera, el elemento nuevo de la vida de Dios se añade a nuestro ser mediante el proceso de la santificación y reemplaza nuestro viejo ser, el cual es pecaminoso y lleno de muerte. El proceso de la transformación hace avanzar la salvación que Dios lleva a cabo dentro de nosotros. Debemos permanecer en este proceso desde el día en que creemos.

IV. EN NUESTRA MENTE, PARTE EMOTIVA Y VOLUNTAD

[El deseo del Señor, desde el momento en que fuimos regenerados en nuestro espíritu, es que este proceso en vida se extienda a todo nuestro ser, a fin de que nuestra mente, nuestra parte emotiva y nuestra voluntad sean totalmente transformadas. Nuestro espíritu ya fue regenerado y cambiado, pero nuestra mente, parte emotiva y voluntad aún necesitan ser transformadas, ya que permanecen iguales. Aunque ahora Cristo mora en nuestro espíritu como vida, aún no se extiende a nuestra alma. Así que, necesitamos que Cristo se extienda desde nuestro espíritu hacia nuestra alma, hasta lograr que cada una de sus partes sea transformada a Su imagen (2 Co. 3:18). Entonces pensaremos como El piensa, amaremos como El ama y escogeremos lo que El escoge. Una vez que nuestra alma haya sido completamente saturada con Sus elementos divinos, tendremos la semejanza del Señor en nuestra vida diaria.]

V. AL EXTENDERSE CRISTO EN NUESTRO SER

[¿Cuál es el elemento nuevo que efectúa este cambio interno? Es Cristo, el Dios Triuno y el Espíritu todo inclusivo. Inicialmente, dicho elemento viene a nuestro espíritu, pero se encuentra confinado allí, sin tener libertad para extenderse a nuestra mente, parte emotiva y voluntad. Si no le permitimos que salga y se extienda, nuestro espíritu se convertirá en una prisión para El. Por eso necesitamos recibir la enseñanza acerca de la transformación, la cual se efectúa mediante la renovación de nuestra mente. El Espíritu desea extenderse a nuestra alma, a fin de añadir el nuevo elemento divino capaz de reemplazar nuestro yo. Cuando este elemento nuevo que reemplaza al viejo se añade a nuestra alma, experimentamos un cambio radical en nuestra mente, nuestra parte emotiva y nuestra voluntad.]

VI. AL CONTEMPLAR AL SEÑOR A CARA DESCUBIERTA

En 2 Corintios 3:18 dice que somos transformados al contemplar al Señor a cara descubierta. Esto significa que debemos abrir nuestro ser al Señor en oración, no para pedirle que haga algo por nosotros, sino principalmente para tener comunión con El. No debemos permitir que ningún velo se interponga y nos separe de El. Al abrir nuestro ser a El, tal vez nos diga que la manera en que le hablamos a nuestra madre fue incorrecta. Si confesamos nuestros pecados delante del Señor y le decimos "Señor, perdóname", El se extenderá a nuestra alma para transformarla. Nosotros podemos acelerar el proceso de la transformación, manteniendo nuestro ser abierto a Él todo el tiempo. Todos debemos pasar por este proceso, pues es la única manera en que nuestra vida cristiana puede progresar.

Preguntas

1. ¿En qué sentido la transformación es el resultado de la santificación?
2. Explique en qué consiste el proceso metabólico.
3. ¿En qué estamos siendo transformados? (2 Co. 3:18)
4. ¿Cómo podemos acelerar el proceso de la transformación?
5. ¿Qué puede impedir o demorar dicho proceso de transformación?
6. ¿Qué le sucederá a nuestro vivir al recibir más transformación?

Porciones del ministerio citadas

1. Estudio-vida de Romanos (Lee/LSM), pág. 321.
2. *Life-study of Second Corinthians* [Estudio-vida de 2 Corintios] (Lee/LSM), pág. 202.
3. *The Parts of Man* [Las partes del hombre] (Lee/LSM), págs. 16-17.
4. *The Completing Ministry of Paul* [El ministerio completador de Pablo] (Lee/LSM), pág. 62.

Referencias adicionales

Compendium of God's Full Salvation [Compendio de la salvación completa que Dios efectúa] (LSM), capítulo 18.

o

1. *Stream Magazine Book Two* [Revista el manantial, tomo 2] (Lee/LSM), págs. 1546, 1481.
2. Estudio-vida de Romanos (Lee/LSM), págs. 321, 330-331, 542-543.
3. *Life-study of Second Corinthians* [Estudio-vida de 2 Corintios] (Lee/LSM), págs. 69-71, 202, 207-208.

LA TRANSFORMACION

4. *The Spirit and Body* [El Espíritu y el Cuerpo] (Lee/LSM), págs. 69-70.
5. *The Kingdom* [El reino] (Lee/LSM), págs. 130, 157-159, 200.
6. *The Parts of Man* [Las partes del hombre] (Lee/LSM), págs. 16-17.
7. *The Completing Ministry of Paul* [El ministerio completador de Pablo] (Lee/LSM), págs. 62-64.
8. Estudio-vida de Hebreos (Lee/LSM), págs. 404-405.
9. *Life-study of Colossians* [Estudio-vida de Colosenses] (Lee/LSM), págs. 551-553.
10. La economía de Dios (Lee/LSM), págs. 25, 90.
11. *Lessons on Prayer* [Lecciones sobre la oración] (Lee/LSM), pág. 88.
12. *Life-study of First Corinthians* [Estudio-vida de Primera de Corintios] (Lee/LSM), págs. 276-278, 281-282
13. *Life-study of First Peter* [Estudio-vida de Primera de Pedro] (Lee/LSM), págs. 134-135, 151-152.
14. *Life-study of Ephesians* [Estudio-vida de Efesios] (Lee/LSM), págs. 458-460, 465-468.
15. *The Vision of God's Building* [La visión del edificio de Dios] (Lee/LSM), pág. 220.
16. El conocimiento de la vida (Lee/LSM), pág. 22.
17. *The Fulfillment of the Tabernacle and Offerings in the Writings of John* [El cumplimiento del tabernáculo y las ofrendas en los escritos de Juan] (Lee/LSM), págs. 35 -36.
18. Estudio-vida de Génesis (Lee/LSM), págs. 165, 896-898.

Lección dieciocho

LA CONFORMACION

Lectura bíblica

Ro. 6:3-5; 8:29; Fil. 3:10, 21; 2 Co. 3:18; Ef. 4:20-21

Bosquejo

I. La forma, poder y esencia de la vida
II. Ser conformados a la imagen de Cristo
III. Por medio del crecimiento en vida y de las circunstancias adversas
IV. El molde y la masa
V. Ser conformados al cuerpo de la gloria del Señor

Texto

Romanos 8:29 dice: "Porque a los que antes conoció, también los predestinó para que fuesen hechos conformes a la imagen de Su Hijo, para que El sea el Primogénito entre muchos hermanos".

I. LA FORMA, PODER Y ESENCIA DE LA VIDA

[Cada vida tiene su propia forma. Por ejemplo, el perro tiene una forma y la gallina tiene otra. El crecimiento de cierta vida resulta en la forma plena y madura de esa vida. Aunque ya somos hijos de Dios, aún no tenemos la forma plena y completa que Sus hijos deben tener; por lo tanto, necesitamos ser conformados a la imagen de Cristo por medio del crecimiento y la transformación. Finalmente, seremos plenamente conformados a Su imagen, y poseeremos Su forma plena, la cual proviene del poder y esencia de Su vida. Un clavel, una gallina y un perro tienen formas de vida diferentes, cada uno según su propia esencia de vida. Un clavel tiene la forma del clavel, debido a la esencia de la vida del clavel. La esencia del clavel se desarrolla y adquiere la forma característica del clavel, mediante el poder de la vida que está en dicho clavel. ¡Gloria al Señor que nosotros tenemos Su esencia de vida y Su poder de vida dentro de nosotros! Este poder de vida nos está moldeando a la imagen del Hijo de Dios, y es por medio de este poder de vida que seremos plenamente conformados a la imagen de Cristo.]

II. SER CONFORMADOS A LA IMAGEN DE CRISTO

Hemos sido predestinados por Dios para ser conformados a la imagen de Cristo, y un día seremos tal como El es, interior y exteriormente. En primer lugar, Cristo murió para resolver el problema objetivo que teníamos con Dios. En segundo lugar, nos regeneró con Su vida divina por medio del Espíritu vivificante. En tercer lugar, nos está santificando con Su naturaleza santa. En cuarto lugar, está transformando nuestro viejo hombre en una persona nueva; es decir, que nos está cambiando en vida y en naturaleza, tanto en forma interna como externa. Y en quinto lugar, El nos está conformando a Su misma imagen. ¡Qué salvación tan maravillosa!

III. POR MEDIO DEL CRECIMIENTO EN VIDA Y DE LAS CIRCUNSTANCIAS ADVERSAS

La vida que El ha depositado en nosotros es una vida que crece, y a medida que crece, nos santifica y nos transforma. Al ser transformados, somos conformados a Su imagen interiormente. Fuera de nosotros, en nuestras circunstancias, hallamos sufrimientos; pero en nuestro interior, el Espíritu siempre está operando. Cuando oramos e invocamos Su nombre, le damos la oportunidad de conformarnos un poco más a Su imagen.

IV. EL MOLDE Y LA MASA

[El Hijo primogénito de Dios es el prototipo, y nosotros somos la producción en serie. Cristo es nuestro modelo, molde o patrón. Dios nos ha introducido en El a fin de moldearnos a la imagen de Su Hijo primogénito. Finalmente, todos seremos conformados a este molde. Cuando las hermanas preparan algún pastel, ponen la masa en el molde. La masa toma entonces la forma e imagen del molde. Luego, la ponen en el horno para que el pastel adquiera definitivamente la forma del molde. Si la masa pudiera hablar, probablemente diría:

"Hermana, tenga misericordia de mí. No aplique tanta presión; no puedo soportarlo. Por favor, no me presione". Sin embargo, la hermana le respondería: "Si no lo hago, ¿de qué otra manera vas a tomar la forma del molde? Querida masa, después de moldearte debo todavía meterte al horno. Tal vez pienses que con la presión ya es bastante sufrimiento, pero todavía necesitas el fuego. Finalmente, después de que experimentes la presión y el calor intenso, conservarás la forma del molde definitivamente". Del mismo modo, Cristo, el Hijo primogénito de Dios, es el prototipo, patrón o molde, y nosotros somos la masa. Todos hemos sido amasados y puestos en el molde, y ahora estamos siendo presionados por la mano de Dios.]

Cristo es el molde y nosotros somos la masa. Por medio de las situaciones de nuestro medio ambiente y mediante la operación del Espíritu en nuestro interior, estamos siendo conformados a Su imagen.

V. SER CONFORMADOS AL CUERPO DE LA GLORIA DEL SEÑOR

Cuando este proceso se lleve a cabo, nuestro cuerpo será también conformado al cuerpo de la gloria del Señor (Fil. 3:21). Este será el último gran paso de la conformación, y para entonces seremos ya iguales a El, tanto interior como exteriormente. Este paso culminará el propósito eterno de Dios. Seremos un hombre corporativo conformado a Su imagen para expresarlo, y tendremos Su autoridad plena para representarlo por la eternidad.

Preguntas

1. Explique los términos, "forma de vida, poder de vida y esencia de vida".
2. ¿De qué manera se relaciona la conformación con la santificación y la transformación?
3. ¿Cuáles son los dos factores que operan para conformarnos a la imagen de Cristo? Comente sus experiencias acerca de esto.
4. ¿A qué seremos semejantes cuando la conformación se lleve a cabo plenamente?

Porciones del ministerio citadas
1. Estudio-vida de Romanos (Lee/LSM), págs. 624, 266.

Referencias adicionales
Compendium of God's Full Salvation
[Compendio de la salvación completa que Dios efectúa] (LSM), capítulo 19.

o

1. *Life-study of Philippians* [Estudio-vida de Filipenses] (Lee/LSM), págs. 184-186, 214-215, 459-460, 470.
2. Estudio-vida de Romanos (Lee/LSM), págs. 266, 274-275, 534-535, 538, 624.
3. *Life-study of Ephesians* [Estudio-vida de Efesios] (Lee/LSM), págs. 45, 393-396.
4. Estudio-vida de Hebreos (Lee/LSM), págs. 416-418.

Lección diecinueve

LA GLORIFICACION

Lectura bíblica

Jn. 1:14; Ro. 3:23; 8:30; Col. 1:27b; 3:4; 2 Ts. 1:10a

Bosquejo

I. La gloria es Dios expresado
II. El florecimiento de la semilla
III. Cristo en nosotros: la esperanza de gloria
IV. En la segunda venida de Cristo

Texto

La glorificación es el último paso de la salvación completa que Dios efectúa. Una vez seamos glorificados, habremos alcanzado la cumbre de la salvación de Dios y entraremos en Su pleno disfrute por la eternidad. Todos los creyentes esperamos ansiosamente que llegue ese momento. Esta es nuestra gloriosa esperanza.

¿Qué es la glorificación? Es el proceso mediante el cual algo o alguien es introducido en la gloria. ¿Cuál es el significado de la palabra "gloria" según la Biblia"?

I. LA GLORIA ES DIOS EXPRESADO

Romanos 3:23 dice: "Porque todos han pecado, y carecen de la gloria de Dios". Según la Biblia, "gloria" es Dios expresado, es decir, la expresión de Dios. Si Dios está escondido, no hay gloria; pero cuando Dios es visto y expresado, allí está la gloria.

El hombre fue creado para contener la vida de Dios y expresar tal vida; por tanto, podemos decir que el hombre fue creado con miras a la gloria. Sin embargo, este hombre pecó, perdiendo así su derecho de recibir la vida de Dios, y a causa de ello, fue incapaz de expresar a Dios. Es por eso que la Biblia dice que el hombre carece de la gloria de Dios. La glorificación es la acción de Dios mediante la cual El nos introduce en la expresión de Sí mismo. Dios lleva a cabo esto de una forma viviente.

II. EL FLORECIMIENTO DE LA SEMILLA

La semilla de clavel es pequeña, redonda y sin belleza alguna, pero en su interior contiene un gran potencial de vida para florecer. El florecimiento es la expresión plena de la vida que está en esa pequeña semilla; es la gloria de dicha semilla. Después de ser sembrada, la semilla se convierte en una planta que crece al ser regada. Luego, después de algún tiempo, esta planta florece. Tal florecimiento es simplemente la semilla que ha crecido en plenitud y que se ha convertido en una flor. La semilla se convierte en una flor, y esta flor es simplemente la semilla que ha madurado completamente. Si usted tiene la semilla, tiene la esperanza viva de la flor; pero sin la semilla, su esperanza de florecer no es viviente ni práctica. La semilla contiene en su interior la vida capaz de florecer, y tal vida es la esperanza de la gloria de la semilla.

III. CRISTO EN NOSOTROS: LA ESPERANZA DE GLORIA

Colosenses 1:27b dice: "Cristo en vosotros, la esperanza de gloria". Cristo como la semilla de vida entró en usted cuando alguien le predicó el evangelio y usted creyó. Esta semilla que ahora está dentro de usted es su esperanza de gloria en el futuro. Nuestra esperanza de ser introducidos en la plena expresión de Dios, reside en esta semilla de Cristo.

Hoy en día no tenemos una apariencia gloriosa, puesto que el Cristo que ha entrado en nosotros aún no ha crecido plenamente. No obstante, a partir de la regeneración, y mediante el proceso de santificación, transformación y conformación, Cristo es añadido a nosotros y crece en nuestro interior, tal como la semilla de clavel crece en la tierra. Un día, cuando Cristo haya crecido plenamente en nosotros, "florecerá". ¡Lo que ha estado escondido dentro de esta semilla, será plenamente expresado y entonces seremos glorificados!

IV. EN LA SEGUNDA VENIDA DE CRISTO

Colosenses 3:4 nos dice que "cuando Cristo, nuestra vida, se manifieste, entonces vosotros también seréis manifestados con El en gloria". La segunda venida de Cristo, esto es, cuando El venga de nuevo a la tierra, será Su manifestación. Si hoy vivimos por Cristo como nuestra vida, en aquel día nosotros también seremos manifestados con El en gloria. Esto quiere decir que en ese momento seremos glorificados; la gloria no vendrá de afuera súbitamente, sino que saldrá de nuestro interior. Para ello, la semilla debe primero ser sembrada en nuestro espíritu; luego, necesita crecer extendiéndose a todas las partes de nuestra alma; y por último, debe llenar y saturar nuestro cuerpo físico, haciéndonos semejantes al propio Señor Jesús. Es así que llegaremos a ser los muchos hijos de Dios en plenitud.

Qué glorioso será ese día. Pero por ahora, todos necesitamos crecer en vida a fin de estar listos para florecer en aquel día. Esto no sucederá de una forma milagrosa, sino que será el resultado de nuestro crecimiento en vida. En 2 de Tesalonicenses 1:10a leemos: "Cuando venga en aquel día para ser glorificado en Sus santos..." Este versículo nos dice que Su venida será nuestra glorificación. ¡ Cuando El venga, seremos glorificados en El y El será glorificado en nosotros! ¡Qué maravilloso es que nosotros los pecadores, mediante la salvación de Dios, podamos llegar a ser los hijos de Dios, llenos de Su vida y Su gloria, para expresarle por la eternidad!

Preguntas

1. ¿Qué significa la palabra "glorificación"?
2. ¿Qué es la "gloria" según el concepto de la Biblia?
3. ¿Qué quiere decir la Biblia cuando afirma que Cristo en nosotros es "la esperanza de gloria"? Puede usar el ejemplo de la flor para explicarlo.
4. ¿Cuándo experimentaremos la glorificación?
5. ¿Qué se requiere hoy para que en la venida de Cristo seamos glorificados? ¿Qué podemos hacer para satisfacer esta necesidad?

Referencias adicionales

Compendium of God's Full Salvation
[Compendio de la salvación completa que Dios efectúa] (LSM), capítulo 20.

o

1. *Life-study of Matthew* [Estudio-vida de Mateo] (Lee/LSM), pág. 587.
2. *The Parts of Man* [Las partes del hombre] (Lee/LSM), pág. 35.
3. Estudio-vida de Romanos (Lee/LSM), págs. 13, 276-278, 537-538, 602-603, 615-616.
4. *Life-study of Colossians* [Estudio-vida de Colosenses] (Lee/LSM), págs. 525-526.
5. *Life-study of Second Corinthians* [Estudio-vida de 2 Corintios] (Lee/LSM), págs. 105-106.
6. *The Kingdom* [El reino] (Lee/LSM), pág. 390.
7. Estudio-vida de Hebreos (Lee/LSM), págs. 158-160, 556-557.
8. Estudio-vida de Juan (Lee/LSM), págs. 518, 551.
9. Estudio-vida de Génesis (Lee/LSM), págs. 73-75.
10. *Life-study of Ephesians* [Estudio-vida de Efesios] (Lee/LSM), págs. 168, 314-315, 480-481.

Lección veinte

COMO RECIBIR LA SALVACION Y CRECER EN ELLA

Lectura bíblica

Ro. 10:8b-15a, 17; Mr. 16:16; Hch. 2:38; 1 Jn. 1:9; Jn. 6:63; 1 P. 2:2; Mt. 4:4; 1 Ts. 5:17; He. 10:25.

Bosquejo

I. La etapa inicial
  A. Escuchar la predicación
  B. Arrepentirse
  C. Creer
  D. Confesar
  E. Ser bautizado
  F. El resultado
II. La etapa progresiva
  A. Confesar nuestros pecados
  B. Leer Su palabra
  C. Invocar Su nombre
  D. Orar
  E. Reunirse con la iglesia

Texto

La Biblia es un libro maravilloso que nos habla acerca de la salvación de Dios. También nos dice cómo podemos recibir esta salvación y crecer en ella hasta ser salvos por completo. Llamaremos "etapa inicial" a la forma en que recibimos la salvación, la cual ocurre cuando oímos la palabra de fe, nos arrepentimos y creemos. La etapa progresiva se refiere a nuestro avance en esta salvación. Experimentamos cierto progreso en nuestra salvación a medida que disfrutamos lo que el Señor nos ha provisto y cooperamos con El en todas las cosas.

I. LA ETAPA INICIAL

Algo que debemos tener presente es que nadie nace siendo cristiano. El hecho de ser cristiano tiene un comienzo muy definido en nuestra vida. En Romanos 10:8b-15a y 17 leemos: "Cerca de ti está la palabra, en tu boca y en tu corazón. Esta es la palabra de fe que proclamamos: que si confiesas con tu boca a Jesús como Señor, y crees en tu corazón que Dios le levantó de los muertos, serás salvo. Porque con el corazón se cree para justicia, y con la boca se confiesa para salvación. Pues la Escritura dice: Todo aquel que en El crea, no será avergonzado. Porque no hay distinción entre judío y griego, pues el mismo Señor es Señor de todos y es rico para con todos los que le invocan; porque: Todo aquel que invoque el nombre del Señor, será salvo. ¿Cómo, pues, invocarán a Aquel en el cual no han creído? ¿Y cómo creerán en Aquel de quien no han oído? ¿Y cómo oirán sin haber quién proclame? ¿Y cómo proclamarán si no son enviados? ...Así que la fe proviene del oír, y el oír, por medio de la palabra de Cristo".

A. Escuchar la predicación

Estos versículos se refieren claramente a nuestra salvación inicial. Nuestra primera experiencia relacionada con esta salvación fue que alguien nos habló acerca de Cristo. Esto es lo que la Biblia llama "la palabra de fe que proclamamos" (Ro. 10:8).

B. Arrepentirse

Esta predicación genera un cambio en nuestra mente con respecto a lo que pensamos de nosotros mismos y del mundo. Antes de oír esta palabra, íbamos hacia la muerte y el juicio de Dios, tal como el resto del mundo. Pero ahora, después de oírla, surgió en nosotros el deseo de recibir a Dios y poner fin a nuestra vida pecaminosa. Esta es la experiencia del arrepentimiento.

C. Creer

La predicación de la palabra de fe también nos hace apreciar lo maravilloso y atractivo que es el evangelio y el

Señor Jesús, y origina en nosotros un deseo de creer en Él y recibirle. Este deseo no estaba en nosotros antes, sino que nos es infundido cuando escuchamos y recibimos la palabra de fe. Por lo tanto, tal deseo es la fe que el Espíritu y la Palabra generan en nuestro interior. Ahora la palabra de fe está en nuestra boca y en nuestro corazón.

D. Confesar

El paso siguiente es confesar con la boca al invocar el nombre del Señor y decirle en oración que deseamos recibirlo.

E. Ser bautizado

Marcos 16:16 dice: "El que crea y sea bautizado, será salvo". Somos salvos al creer y ser bautizados.

F. El resultado

Inicialmente no teníamos fe, pero en cierto momento oímos el evangelio, la palabra de fe, y nació en nosotros el deseo de volvernos del mundo hacia el Señor y creer en Él. En ese momento, espontáneamente clamamos a Él y se efectuó así nuestra salvación inicial. Como resultado de ello fuimos perdonados, justificados, reconciliados y regenerados, y llegamos a ser hijos de Dios con la vida y naturaleza divinas.

II. LA ETAPA PROGRESIVA

Inmediatamente después de nuestra salvación inicial, comienza la etapa progresiva de la salvación. Ser perdonado y nacer de Dios es sólo el principio, pues de ahí en adelante todos debemos avanzar, cooperando con el Señor y disfrutando de Su rica provisión.

A. Confesar nuestros pecados

Para que la vida crezca en nosotros, necesitamos confesar nuestros pecados al Señor. Al hacerlo, Él nos perdonará, nos limpiará, y podremos acercarnos a Él sin ningún impedimento, permitiendo que Su vida se mueva y crezca libremente en nosotros. Esta es la manera en que debemos cooperar con Él.

B. Leer Su palabra

Además, necesitamos leer Su Palabra diariamente. Su palabra es Espíritu y es vida. Cuando tocamos la Palabra con nuestro entendimiento y con nuestro espíritu, obtenemos vida. Debemos aplicar nuestro entendimiento al estudiar la Palabra, procurando memorizar y asimilar las verdades divinas. Y finalmente, a fin de recibir nutrición y alimentarnos adecuadamente, necesitamos orar Su Palabra (2 Ti. 3:16; Mt. 4:4; Jn. 6:63; 1 P. 2:2).

C. Invocar Su nombre

También necesitamos invocar Su nombre. Cuando invocamos el nombre del Señor, Su Persona misma viene a nosotros. Y juntamente con Su Persona recibimos Su vida, ya que El es ahora el Espíritu vivificante. Esta es la manera de crecer (Ro. 10:12-13).

D. Orar

También debemos orar, no principalmente para pedir cosas, sino para tocar al Dios viviente en nuestro espíritu, tener comunión con El y llenarnos de Su vida (1 Ts. 5:17).

E. Reunirse con la iglesia

Finalmente, necesitamos reunirnos con la iglesia de nuestra localidad. Debemos estar conscientes de que la iglesia es el deseo del corazón de Dios y Su expresión misma. También es nuestra familia de la fe, la cual nos cuida y nos ayuda a crecer. Por lo tanto, la iglesia satisface a Dios y nutre al hombre (1 Ti. 3:15; Ef. 2:19; He. 10:25).

En nuestra vida diaria debemos volvernos al Señor constantemente, orar a El e invocar Su nombre. Acuda a El cuando tenga problemas, y aun cuando no los tenga, de todos modos vuélvase a El. Si El le hace ver que ha mentido, debe confesarle este pecado. Si le muestra que es descuidado en su manera de vivir, confiese a El sus faltas. De esta manera, usted crecerá normalmente y experimentará la plena salvación.

Preguntas

1. Explique brevemente en qué consiste la etapa inicial y la etapa progresiva de nuestra salvación.
2. ¿Por qué ubicamos la regeneración en la etapa inicial?
3. Describa cómo podemos recibir la salvación inicial. Haga una lista de los pasos importantes que se encuentran en Romanos 10.
4. ¿Qué provisiones nos ha dado el Señor a fin de que crezcamos y avancemos en la etapa progresiva de la salvación?

Referencias adicionales

Compendium of God's Full Salvation
[Compendio de la salvación completa que Dios efectúa] (LSM), capítulo 21.

o

1. *The Parts of Man* [Las partes del hombre] (Lee/LSM) págs. 5-7, 10, 16-17, 35-36.
2. *Life-study of First Peter* [Estudio-vida de 1 Pedro] (Lee/LSM) págs. 56-60.

Lección veintiuno

LA CERTEZA Y LA SEGURIDAD DE LA SALVACION

Lectura bíblica

He. 6:18; Sal. 119:89; Jn. 3:16; Hch. 10:43; 1 Jn. 5:10; Ro. 8:16; 1 Jn. 3:14; Ef. 1:4-5; Ro. 1:16-17; Jn. 10:28

Bosquejo

I. La certeza de la salvación
   A. Conforme a la Palabra de Dios
   B. Conforme al testimonio del Espíritu Santo
   C. Conforme a la experiencia de vida
II. La seguridad de la salvación
   A. Por la voluntad de Dios
   B. Por la elección y el llamamiento de Dios
   C. Por la justicia de Dios
   D. Por la vida de Dios

Texto

¿Tiene la certeza de que al arrepentirse y creer en el Señor Jesús, usted fue salvo? ¿Es totalmente real y segura su salvación, o es posible que la pierda después de haberla recibido? Leamos algunas porciones del folleto titulado: "La certeza, seguridad y gozo de la salvación", para saber en qué se basa la seguridad de nuestra salvación.

I. LA CERTEZA DE LA SALVACION

A. Conforme a la Palabra de Dios

"El que crea y sea bautizado, será salvo" (Mr. 16:16). "Todo aquel que invoque el nombre del Señor, será salvo" (Ro. 10:13). Estos dos versículos [nos muestran que, inmediatamente después que una persona cree y se bautiza, invocando el nombre del Señor, es salva. Debemos reconocer y confesar este hecho sin depender de nuestros sentimientos].

"El que oye Mi palabra, y cree al que me envió, tiene vida eterna; y no está sujeto a juicio, mas ha pasado de muerte a vida" (Jn. 5:24). "El que tiene al Hijo, tiene la vida; el que no tiene al Hijo de Dios no tiene la vida. Estas cosas os he escrito a vosotros los que creéis en el nombre del Hijo de Dios, para que sepáis que tenéis vida eterna" (1 Jn. 5:12-13). Estos dos pasajes de las Escrituras [nos revelan que, una vez que una persona cree en el Padre celestial y cree en el nombre del Hijo de Dios (el Señor Jesucristo), tiene vida eterna (es decir, la vida de Dios). Por lo tanto, todo aquel que cree no vendrá a juicio y perdición, sino que ha pasado de muerte a vida. Así que, basados en lo que la Biblia dice, y no en lo que dicen nuestros sentimientos, podemos asegurar que todo creyente es salvo y tine la vida de Dios].

"Mas a todos los que le recibieron, a los que creen en Su nombre, les dio potestad de ser hechos hijos de Dios" (Jn. 1:12-13). [El Señor Jesús da la potestad o autoridad de ser hechos hijos de Dios a todos aquellos que le reciben por fe, es decir, a los que creen en Su nombre. Esta autoridad es la propia vida de Dios, la cual causa que los que creen en el Señor Jesús, nazcan de Dios, es decir, que sean regenerados y hechos hijos de Dios. Esto también lo confirman las palabras de la Biblia, y no es algo que dependa de nuestros sentimientos.

Las palabras de la Biblia son absolutamente confiables, y jamás podrán ser cambiadas ni anuladas. Por otra parte, nuestros sentimientos fluctúan según el ánimo y las circunstancias en que nos encontremos, y no son dignos de confiar. La Biblia establece claramente que una persona es salva cuando cree en el Señor Jesús, sin importar lo que digan sus sentimientos humanos. Por tanto, debemos basarnos en las seguras palabras de la Biblia y desechar nuestros fluctuantes sentimientos, creyendo firmemente y estando plenamente seguros de que ya hemos sido salvos].

B. Conforme al testimonio del Espíritu Santo

"El Espíritu mismo da testimonio juntamente con nuestro espíritu, de que somos hijos de Dios" (Ro. 8:16). [Cuando creemos en el Señor Jesús y le recibimos como nuestro Salvador,

Dios nos da Su Espíritu y lo imparte dentro del nuestro (Ez. 36:27). El Espíritu Santo nos ha sido dado para estar con nosotros para siempre (Jn. 14:17). El da testimonio juntamente con nuestro espíritu de que somos hijos de Dios, aquellos que han nacido de Dios. Todos los que han creído en el Señor, se deleitan al dirigirse a Dios, diciéndole: "Abba, Padre" (Ro. 8:15). Es muy normal que los creyentes le digamos a Dios: "Abba, Padre", pues al hacerlo experimentamos una sensación dulce y agradable en nuestro ser interior. Esto se debe al hecho de que somos hijos de Dios, nacidos de El con Su vida divina, y a que el Espíritu del Hijo de Dios ha entrado a nosotros. Esto constituye una prueba interna adicional de nuestra salvación].

C. Conforme a la experiencia de vida

"Todo aquel que cree que Jesús es el Cristo, es nacido de Dios; y todo aquel que ama al que engendró, ama también al que ha sido engendrado por El" (1 Jn. 5:1). [Una vez que creemos que Jesús es el Cristo, hemos nacido de Dios. Dios es amor (1 Jn. 4:16), y la vida de Dios es también la vida que ama. Por lo tanto, todo aquel que es engendrado por Dios, ama a Dios y ama también a todo aquel que ha sido engendrado por El, es decir, a los hermanos en el Señor].

"Nosotros sabemos que hemos pasado de muerte a vida, en que amamos a los hermanos" (1 Jn. 3:14). [Esta palabra establece que, como creyentes, nuestro amor por los hermanos en el Señor es una prueba de que tenemos la vida eterna de Dios. Amar a los hermanos en la fe es una experiencia en la vida eterna de Dios, que solamente se tiene después de haber creído y ser salvo. Hay un gozo y un sentimiento de afecto inexplicables cuando una persona salva ve a un hermano en el Señor. Esta clase de amor hacia los hermanos es otra prueba de que hemos sido salvos. Podríamos llamarla, la prueba del amor o la prueba de nuestra experiencia en la vida de Dios.

Por lo tanto, por medio de la palabra precisa de la Biblia, del testimonio del Espíritu Santo en nuestro espíritu, y de nuestra experiencia de amor en vida, podemos saber con certeza que somos salvos. Además, la salvación que hemos recibido es una salvación eterna (He. 5:9). Una vez que hemos recibido esta salvación, no pereceremos jamás y nadie puede arrebatarnos de la mano del Señor ni de la mano del Padre celestial (Jn. 10:28-29)].

Así que, basados en la Palabra escrita de Dios, en el testimonio interior del Espíritu y en nuestra experiencia de vida, podemos estar plenamente seguros de que somos salvos.

II. LA SEGURIDAD DE LA SALVACION

La salvación de Dios es eterna. Una vez que hemos sido salvos, es imposible perderla. Nadie en el universo puede cambiar este hecho, ni Dios, ni Satanás, ni nosotros mismo.

A. Por la voluntad de Dios

[La seguridad de la salvación eterna de Dios se basa en la voluntad de Dios. Efesios 1:5 dice que hemos sido predestinados según el beneplácito de la voluntad de Dios y Juan 6:39 nos dice que la voluntad del Padre es que ninguno de aquellos que le ha dado al Hijo, se pierda. Esta es la voluntad eterna de Dios en cuanto a nuestra salvación. La voluntad de Dios es más firme y estable que una roca. El cielo y la tierra pueden ser removidos, pero la voluntad de Dios permanece para siempre. Su voluntad no sube ni baja como un elevador].

B. Por la elección y el llamamiento de Dios

[La seguridad de la salvación se basa en la elección y el llamamiento de Dios. El nos escogió antes de la fundación del mundo (Ef. 1:4). No lo elegimos nosotros a El, sino que fue El quien nos eligió (Jn. 15:16), y Su elección no depende de nuestras obras, sino de El mismo quien llama (Ro. 9:11). Dios no sólo nos predestinó, sino que también nos llamó (Ro. 8:30), no conforme a nuestras obras, sino según el propósito Suyo (2 Ti. 1:9). Su llamamiento es irrevocable, es decir, que el nunca se arrepentirá ni se lamentará de habernos llamado. Su elección y llamamiento son inmutables y no tienen que ver con nuestras obras. Tanto la elección como el llamamiento de Dios, los cuales son iniciados por El y no por nosotros, son nuestra seguridad de salvación].

C. Por la justicia de Dios

[La seguridad de la salvación eterna se basa también en la justicia de Dios, la cual se revela para fe (Ro. 1:16-17). Para mostrar Su justicia, Dios necesita justificarnos, y El justifica al que cree en el Señor Jesús (Ro. 3:26). El Dios justo nos ha justificado (Ro. 8:33). La justicia es el cimiento mismo de Su trono (Sal. 89:14), y Su trono está establecido para siempre].

D. Por la vida de Dios

[La seguridad eterna de nuestra salvación se basa además en la vida de Dios. El Señor dijo: "Yo les doy vida eterna; y no perecerán jamás" (Jn. 10:28). ¿Cree usted que la vida eterna puede ser revocada después de que nos ha sido dada? Decir que podemos perdernos después de haber sido salvos implica que la vida eterna que nos ha sido dada nos puede ser quitada. Esto es totalmente ilógico. Una vez que recibimos la vida eterna, jamás pereceremos].

Todo lo anterior nos revela que nuestra salvación es eterna, es decir, que no cambiará con el tiempo. Tampoco depende de que seamos buenos o malos. Nuestra salvación no cambia, ni cambiará por la eternidad.

Preguntas

1. Explique qué significan las palabras "certeza" y "seguridad".
2. ¿Por qué decimos que nuestra salvación está asegurada eternamente?
3. Mencione las tres bases que nos dan la certeza de que somos salvos.
4. ¿Por qué la seguridad de nuestra salvación se basa en la voluntad de Dios?

Porciones del ministerio citadas

1. Lecciones de Vida (Lee/LSM), págs. 6-9.
2. Estudio-vida de Hebreos (Lee/LSM), págs. 172-175.

Referencias adicionales

Compendium of God's Full Salvation
[Compendio de la salvación completa que Dios efectúa] (LSM), capítulo 25.

o

1. *Gospel Outlines* [Bosquejos de mensajes del evangelio] (Lee/LSM), pág. 350.
2. La fe cristiana normal (Nee/LSM), págs. 149-150, 161-162.
3. *The New Covenant* [El nuevo pacto] (Lee,/LSM), págs. 58-61.
4. *Life-study of Ephesians* [Estudio-vida de Efesios] (Lee/LSM), págs. 39-40, 544-545.
5. *Life-study of First Corinthians* [Estudio-vida de 1 Corintios] (Lee/LSM), págs. 22-23.
6. Estudio-vida de Hebreos (Lee/LSM), págs. 146, 172-175, 335-336.
7. Estudio-vida de Romanos (Lee/LSM), págs. 59-60, 176, 279-281, 659-662.
8. *What is the Regeneration?* [¿Qué es la regeneración?] (Lee/LSM), pág. 20.
9. Estudio-vida de Exodo (Lee/LSM), pág. 700.
10. Estudio-vida de Génesis (Lee/LSM), págs. 1498-1499.
11. Estudio-vida de Juan (Lee/LSM), págs. 287-288.

Lección veintidós

LAS TRES ETAPAS DE LA SALVACION

Lectura bíblica

He. 2:3a; 12:1; Hch. 26:19; 1 Co. 9:24; Fil. 3:12-14; 2 Ti. 4:7-8; Ap. 22:12

Bosquejo

I. La etapa inicial
II. La etapa progresiva
III. La etapa de consumación
    A. Nuestro cuerpo transfigurado
    B. Expresar y representar a Dios
    C. La manera de alcanzar esta etapa

Texto

Tal vez ya haya observado que, conforme a nuestra experiencia en vida, no experimentamos la salvación de Dios de una vez por todas, sino en tres etapas. Como ya hemos visto, el hombre está formado de tres partes, a saber, el espíritu, el alma y el cuerpo. Por consiguiente, la salvación se lleva a cabo en tres etapas, a fin de salvar por completo a este hombre tripartito.

I. LA ETAPA INICIAL

La primera etapa de la salvación es la etapa inicial, en la que Dios salva nuestro espíritu. Primeramente, Dios logra esto por Su muerte en la cruz, la cual resuelve nuestro problema objetivo ante Dios. En segundo lugar, Dios como el Espíritu que da vida nos regenera en nuestro espíritu. De modo que la etapa inicial incluye la redención, el perdón y la limpieza de pecados, la justificación y la reconciliación. El resultado de todo esto es la regeneración. Esta etapa constituye el comienzo de la vida cristiana.

II. LA ETAPA PROGRESIVA

La segunda es la etapa progresiva, en la cual somos salvos en nuestra alma. Aunque Dios, mediante la regeneración, mora en nuestro espíritu humano, nuestra alma aún se encuentra llena de la naturaleza de Satanás. Debido a ello, acontece lo siguiente: tenemos pensamientos malignos; mentimos y odiamos a los demás; somos celosos y estamos llenos de nuestras propias opiniones; amamos lo que Dios odia y odiamos lo que El ama; somos malignos, somos pecado, y aun en cierto modo, somos Satanás mismo. Sin embargo, por otra parte, somos creyentes, es decir, que hemos recibido la vida divina. En esta segunda etapa la cual durará todo el curso de nuestra vida, Dios se ocupa de nuestra alma maligna. La regeneración sólo introduce a Cristo en nuestro espíritu, pero ahora debemos permitir que diariamente El se extienda a nuestra alma. Al abrirnos a El, orar y confesar nuestros pecados, permitimos que El se extienda a todo nuestro ser, y a medida que El se extiende, somos santificados. De esta forma, Dios imparte Su naturaleza santa desde nuestro espíritu a nuestra alma, y transforma el viejo hombre en un nuevo hombre, logrando que estas personas llenas de la vida satánica sean transformadas en personas llenas de Dios.

III. LA ETAPA DE CONSUMACION

La tercera es la etapa de consumación. En esta etapa nuestro cuerpo es salvo y la salvación completa de Dios alcanza su más alto nivel. Esta etapa viene como resultado de la segunda. Comparándolo con una carrera, podríamos decir que el punto de partida corresponde a la etapa inicial, correr por la pista es la etapa progresiva, y cruzar la meta se asemeja a la etapa de consumación. Usted no puede cruzar la meta a menos que haya iniciado la carrera y haya recorrido toda la pista. Cuanto más rápido corra, más pronto llegará a la meta.

A. Nuestro cuerpo transfigurado

La etapa de la transfiguración de nuestro cuerpo es gloriosa, pues en ella todos nuestros problemas son finalmente resueltos y se consuma el propósito eterno de Dios. En esta etapa, nuestro cuerpo es conformado al cuerpo de la gloria del Señor, es decir, que nuestro cuerpo es transfigurado o glorificado. En ese momento estaremos listos para heredar el reino de Dios, lo cual quiere decir que reinaremos con Cristo como Sus co-reyes y disfrutaremos al Señor al plenamente.

B. Expresar y representar a Dios

Al llegar a esta etapa nuestro espíritu estará lleno de vida debido a la regeneración, y nuestra alma estará llena de Cristo debido a la santificación y a la transformación. Esto significa que pensaremos como Dios piensa, amaremos lo que Dios ama y odiaremos lo que El odia. Nuestra voluntad se hará una con la de Dios al escoger y tomar decisiones, y nuestro cuerpo estará lleno de la gloria del Señor. Entonces seremos plenamente los hijos de Dios, llenos de la vida divina, y expresaremos y representaremos a Dios por la eternidad. A lo largo de todo este proceso, seremos edificados juntos como la iglesia gloriosa, la Nueva Jerusalén. ¡Aleluya! ¡Dios estará plenamente satisfecho y nosotros seremos completamente salvos!

C. La manera de alcanzar esta etapa

Sólo podemos llegar a esta etapa si primero experimentamos la etapa inicial de la salvación y luego somos santificados y transformados. Hermanos y hermanas, ¿no desean ustedes alcanzar la tercera etapa? Si es así, entonces los animo a seguir adelante, disfrutando al Señor como el Espíritu y la Palabra. Posteriormente deben cooperar con el Señor día tras día, permitiendo que El se extienda en todo su ser, siguiendo en todo momento Su dirección interior y confesando a El todos sus pecados y faltas. Sólo así avanzarán de la etapa inicial de la salvación a la etapa progresiva, y finalmente entrarán en el pleno disfrute de la salvación, que es la etapa de consumación.

Preguntas

1. Explique las diferencias entre las tres etapas de la salvación.
2. La salvación de Dios no se experimenta de una vez portodas, sino que tiene un inicio, un progreso y una

consumación, hasta llegar al nivel más elevado. Describa y explique brevemente cada etapa de la salvación.
3. Enumere las tres etapas de la salvación y explique cómo se relacionan con las tres partes del hombre.

Referencias Adicionales

Compendium of God's Full Salvation [Compendio de la salvación completa que Dios efectúa] (LSM), capítulos 20 y 26.

o

1. *Life-study of Matthew* [Estudio-vida de Mateo] (Lee/LSM), pág. 587.
2. Estudio-vida de Romanos (Lee/LSM), págs. 13, 276-278, 299-301, 494-495, 537-538, 602, 615-616.
3. *Life-study of Colossians* [Estudio-vida de Colosenses] (Lee/LSM), págs. 245-246, 525-526.
4. *Life-study of Second Corinthians* [Estudio-vida de 2 Corintios] (Lee/LSM), págs. 33-34, 105-106, 524, 526-529.
5. Estudio-vida de Génesis (Lee/LSM), págs. 130-131.
6. *The Kingdom* [El reino] (Lee/LSM), pág. 390.
7. Estudio-vida de Hebreos (Lee/LSM), págs. 110-111, 146-147, 246-247, 281-282, 454-455.
8. *Life-study of Ephesians* [Estudio-vida de Efesios] (Lee/LSM), págs. 168, 314-315, 434, 480-481, 551-552.
9. Estudio-vida de Juan (Lee/LSM), págs. 71-72, 234, 411, 435-437, 488, 521, 597-599.
10. *The Divine Dispensing of the Divine Trinity in Romans* [La dispensación divina y la trinidad divina en la epístola de Romanos] (Lee/LSM), págs. 17, 28.
11. *The Spirit and Body* [El Espíritu y el Cuerpo] (Lee/LSM), pág. 25.
12. *Life-study of Philippians* [Estudio-vida de Filipenses] (Lee/LSM), págs. 86, 97-98, 328, 338, 340-342, 356-357, 364, 383.
13. Estudio-vida de Apocalipsis (Lee/LSM), pág. 414.
14. *Young People's Training* [El entrenamiento de los jóvenes] (Lee/LSM), págs. 179-180.

15. *Life-study of First Peter* [Estudio-vida de 1 Pedro] (Lee/LSM), págs. 92, 129, 134, 303-305.
16. Estudio-vida de Exodo (Lee/LSM), págs. 403, 542, 870-871.
17. *The Kernel of the Bible* [El centro de la Biblia] (Lee/LSM), pág. 17.
18. *Life-study of First Corinthians* [Estudio-vida de 1 Corintios] (Lee/LSM), págs. 418, 523-524.
19. *Experiencing Christ as the Offerings for the Church Meetings* [La experiencia de Cristo como las ofrendas para las reuniones de la iglesia] (Lee/LSM), págs. 25-26, 52.
20. *Life Messages* [Mensajes de vida] (Lee/LSM), pág. 250.
21. *Concerning the Triune God, the Father, the Son, and the Spirit* [En cuanto al Dios Triuno, el Padre, el Hijo y el Espíritu (Lee/LSM), págs. 1-5.
22. *Stream Magazine Book* One [Revista el manantial, tomo 1] (Lee/LSM), pág. 213.
23. *Truth Messages* [Mensajes de la verdad] (Lee/LSM) 9-10, 16-18.
24. *Perfecting Training* [Entrenamiento de perfeccionamiento] (Lee/LSM), págs. 341-343, 347-350.
25. *The Experience of Christ* [La experiencia de Cristo] (Lee/LSM), págs. 45-46.
26. Experiencia de vida (Lee/LSM), págs. 157, 256.
27. La economía de Dios (Lee/LSM), págs. 80, 97-101.
28. *The Parts of Man* [Las partes del hombre] (Lee/LSM), págs. 21-22, 33.
29. Estudio-vida de Gálatas (Lee/LSM), págs. 250, 259-260.
30. *Life-study of Second Peter* [Estudio-vida de 2 Pedro] (Lee/LSM), págs. 27-28, 45.

Lección veintitrés

RECOMPENSA O CASTIGO

Lectura bíblica

Mt. 25:14-30; 1 Co. 3:10-15; 2 Co. 5:10

Bosquejo

I. Para los creyentes
II. La recompensa para los fieles y el castigo para los negligentes

Texto

La salvación completa, con todo lo que ésta implica, no es algo que se recibe en un sólo instante; más bien, es un largo proceso que dura toda la vida. El apóstol Pablo, así como otros escritores de la Biblia, compararon la salvación a una carrera. Dios no desea que Sus hijos sean negligentes en cuanto a la salvación plena que El les ha otorgado, así que, en Su sabiduría, El ha preparado una recompensa para Sus hijos que sean fieles y diligentes, y un castigo para los negligentes y descuidados. En esta lección estudiaremos brevemente lo que Dios ha dispuesto tocante a este tema. Esto nos motivará a no ser descuidados con respecto a la salvación que hemos recibido, y nos alentará para ir en pos de la salvación completa y ganar así la recompensa futura.

En la Biblia hay muchos pasajes que nos hablan de la recompensa y el castigo de los creyentes. Uno de los más específicos se encuentra en Mateo 25:14-30. Leamos este pasaje.

I. PARA LOS CREYENTES

Muchos no creen que Dios castigará a los creyentes que hayan sido negligentes e inútiles para el Señor en esta vida. Ellos argumentan que Dios es muy amoroso y misericordioso como para hacer tal cosa a alguno de Sus hijos. Sin embargo, este pasaje nos da claras evidencias de que algunos de los esclavos del Señor, quienes sin duda representan a los creyentes, sufrirán un severo castigo cuando El regrese. Ciertamente, nuestro Señor es amoroso y misericordioso; El nunca permitiría que uno de Sus hijos, puesto que son salvos, se pierda en el lago de fuego. Su salvación garantiza que ninguno de los Suyos sufrirá el castigo destinado para los incrédulos. No obstante, en Su sabiduría, Dios previó que sólo unos pocos de Sus hijos alcanzarían la meta, así que preparó una recompensa como incentivo y un castigo como advertencia.

En el evangelio de Mateo el Señor habla claramente de la recompensa preparada para Sus siervos diligentes, y del castigo para los siervos inútiles. Esta es la interpretación bíblica apropiada.

II. LA RECOMPENSA PARA LOS FIELES Y EL CASTIGO PARA LOS NEGLIGENTES

De acuerdo con la Biblia, Dios recompensará a aquellos creyentes que hayan sido fieles y diligentes, y castigará a los que no actúen así. Esto es bíblico, lógico y justo. ¿Consideraría usted justo y razonable que los malos estudiantes de su escuela fueran premiados con un banquete y un jugoso premio en efectivo, al igual que aquellos estudiantes que hayan sido diligentes y brillantes en sus estudios y lograran por ello las más altas calificaciones? ¿Cree también que sería justo que un creyente que nunca se haya preocupado por progresar en su salvación, y que haya sido negligente y pecaminoso, reciba la misma recompensa que el apóstol Pablo? Por supuesto que no. Dios sería injusto para con el diligente si hiciera eso. La Biblia también lo presenta de esta manera.

Debido a la regeneración, hoy somos hijos de Dios, pero, ¿cuánto hemos progresado? ¿Estamos siendo santificados y transformados diariamente? ¿Estamos creciendo en vida? ¿Servimos al Señor como esclavos fieles en la vida de la iglesia? La Biblia nos dice explícitamente que el Señor, en Su segunda venida, juzgará primeramente a Sus creyentes, y los recompensará o los castigará según sus obras. Después, juzgará al mundo y a todos sus moradores. Los creyentes fieles entrarán al reino y disfrutarán de la fiesta de bodas con Cristo por mil años, y los que hayan sido infieles, sufrirán castigo siendo arrojados a las tinieblas de afuera, separados de la presencia del Señor.

Si crecemos hoy en la vida del Señor y nos consagramos fielmente a Su servicio, formaremos parte de aquellos a quienes el Señor recompensará con el reino milenario y con la fiesta de bodas. Tal recompensa debe motivarnos, y la posibilidad de sufrir un castigo debe servirnos de advertencia. Si tenemos siempre presentes estos dos asuntos, recibiremos una gran ayuda para progresar en el Señor y alcanzar la plena salvación.

Preguntas

1. Explique el pasaje de Mateo 25:14-30 mostrando cómo el Señor recompensará y castigará a Sus creyentes.
2. ¿Por qué razón es prudente que el Señor haya preparado una recompensa y un castigo para Sus hijos?
3. ¿Qué castigo recibirán los creyentes infieles?
4. ¿Qué recompensa tendrán los que le sean fieles?
5. ¿De qué forma este asunto nos muestra no sólo el amor y la gracia del Señor, sino también Su sabiduría?

Referencias adicionales

Compendium of God's Full Salvation
[Compendio de la salvación completa que Dios efectúa] (LSM), capítulo 29.

o

1. *The Kingdom* [El reino] (Lee/LSM), págs. 337, 340-342, 532-534, 536-537, 539-540.
2. Estudio-vida de Hebreos (Lee/LSM), págs. 171-172, 188-193, 195, 244-245, 262, 272-273.
3. *Life-study of Matthew* [Estudio-vida de Mateo] (Lee/LSM), págs. 765-768.
4. *The Exercise of the Kingdom* [La práctica del reino] (Lee/LSM), págs. 41, 57-58.
5. *Life-study of First Corinthians* [Estudio-vida de 1 Corintios] (Lee/LSM), págs. 252-253.

Lección veinticuatro

CONCLUSION

Lectura bíblica

Ef. 1:10, 4-5; Ro. 5:18-19, 10; 8:29; Ap. 22:1-5

Bosquejo

I. Lo que Dios se propuso
II. Dios eligió
III. Dios creó y Satanás corrompió
IV. Dios vino a salvar
V. En la eternidad futura

Texto

I. LO QUE DIOS SE PROPUSO

En la eternidad pasada Dios concibió un propósito conforme al beneplácito de Su voluntad. Este propósito consistía en obtener un grupo de personas, un hombre corporativo, que fuera lleno de El como vida. Este hombre corporativo tendría Su imagen para expresarle y Su autoridad para representarle y reinar sobre Su enemigo. Dentro del tiempo, El obtuvo este hombre corporativo, que es la iglesia, la cual es el deseo de su corazón; y en la eternidad futura dicha iglesia tendrá su consumación en la Nueva Jerusalén. Esto es lo que Dios siempre ha buscado y es lo único que lo hará feliz. Su economía simplemente tiene como objetivo llevar a cabo este propósito por medio de la impartición de Sí mismo en el hombre.

II. DIOS ELIGIO

Antes de crear el universo, Dios eligió y predestinó algunos hombres para que fueran parte de este hombre corporativo. Este grupo de escogidos vendrían a ser Sus hijos, y serían llenos de Su vida con miras a expresarle y heredar todo lo que El es.

III. DIOS CREO Y SATANAS CORROMPIO

En el curso del tiempo Dios creó los cielos, la tierra y toda la humanidad, la cual El produjo de un sólo hombre llamado Adán. Dios dispuso que este hombre fuera lleno de El como vida, para esto, lo puso frente al árbol de la vida. No obstante, Adán fue engañado por Satanás y escogió el árbol del conocimiento. Por causa de este pecado Adán cayó bajo la condenación de Dios objetivamente, y recibió la naturaleza satánica dentro de él subjetivamente.

IV. DIOS VINO A SALVAR

Dios creó y Satanás corrompió; luego, Dios intervino de nuevo y prometió salvar al hombre caído. En el Antiguo Testamento se hallan muchas promesas y profecías acerca del Dios-Salvador que vendría. Luego, en el Nuevo Testamento, Jesús, el Dios-Salvador, vino y cumplió todas esas promesas y profecías que Dios había hecho. El se encarnó como hombre, llevó la vida propia de un hombre por treinta y tres años y medio y fue crucificado para nuestra redención. Esta redención incluía el perdón y la limpieza de pecados, la justificación y la reconciliación. De esta manera fueron resueltos todos los problemas objetivos que el hombre tenía con Dios.

En la resurrección Cristo se hizo el Espíritu vivificante a fin de regenerar nuestro espíritu, y ahora El está obrando en nosotros con su vida para salvar nuestra alma, santificándonos y transformándonos. Para lograr esto El requiere de nuestra cooperación, la cual consiste en disfrutar de Su rica provisión y ser obedientes a Su dirección interior.

En el futuro, cuando El vuelva, redimirá nuestro cuerpo pecaminoso y caído, y lo conformará a la semejanza de Su cuerpo glorioso. En otras palabras, seremos plenamente conformados a Su imagen (Ro. 8:29).

V. EN LA ETERNIDAD FUTURA

Finalmente, en la eternidad futura, todos los escogidos y redimidos de Dios que hayan concluido la etapa progresiva de la salvación, vendrán a ser la Nueva Jerusalén, la cual será la mezcla total del Dios Triuno con el hombre tripartito.

CONCLUSION

¡Aleluya! ¡Aleluya! Dios morará en el hombre y el hombre en Dios por la eternidad. Esta es la meta final de Dios y Su propósito eterno. Para entonces, Dios habrá concluido Su obra conforme a Su plan eterno, lo cual le brindará plena satisfacción y reposo por la eternidad. ¡Amén!

Preguntas

1. Haga un bosquejo breve de la salvación completa que Dios ha provisto, mencionando en el orden apropiado las palabras claves que ha aprendido.

LIBROS DE ESTA SERIE
Living Stream Ministry

Libro de lecciones, nivel 1:
   La salvación completa que
      Dios efectúa   0-7363-0868-7

Libro de lecciones, nivel 2:
   El Dios Triuno y
      la persona y obra de Cristo   0-7363-0925-X

Libro de lecciones, nivel 3:
   Los dos espíritus: El Espíritu divino
      y el espíritu humano   0-7363-1125-4

Libro de lecciones, nivel 4
   Conocer y experimentar la vida   0-7363-1471-7

Se puede pedir en:
Librerías cristianas o Living Stream Ministry
2431 W. La Palma Ave. • Anaheim, CA 92801
1-800-549-5164 • www.livingstream.com